JN133065

46億年のいのち

谷口純子

生長の家

はじめに

この本《ほん》は、生長《せいちょう》の家《いえ》の女性向《じょせいむ》け月刊誌《げっかんし》『白鳩《しろはと》』に、二〇一五年《ねん》より掲載《けいさい》されたエッセーの中《なか》から精選《せいせん》したもので、構成《こうせい》されています。この年《とし》は生長《せいちょう》の家本部事務所《いえほんぶじむしょ》が、東京《とうきょう》・原宿《はらじゅく》から山梨県北杜市《やまなしけんほくとし》の〝森《もり》の中《なか》〟に移転《いてん》した時期《じき》と重《かさ》なります。そのため、都会暮《とかいぐ》らしから田舎暮《いなかぐ》らしへの変化《へんか》に戸惑《とまど》い、不便《ふべん》を感《かん》じつつも、自然《しぜん》の中《なか》で過《す》ごす心地《ここち》よさや、自然《しぜん》の神秘《しんぴ》、美《うつく》しさ、偉大《いだい》さなどに目《め》を見張《みは》り、新《あたら》しい経験《けいけん》に満《み》ちた喜《よろこ》びなどを多《おお》く語《かた》っています。

世界人口《せかいじんこう》の半数以上《はんすういじょう》が都会《とかい》に住《す》むようになった現在《げんざい》、世界《せかい》の潮流《ちょうりゅう》から逆《さか》らうように、私《わたし》たちは都会《とかい》を離《はな》れて自然《しぜん》の中《なか》に移《うつ》り住《す》みました。その大《おお》きな決断《けつだん》の理由《りゆう》は、産業革命以来《さんぎょうかくめいいらい》の近代化《きんだいか》の中《なか》で、私《わたし》たちが置《お》き去《ざ》りにし、あるいは忘《わす》れ去《さ》った「自《し》然《ぜん》と共《とも》に暮《く》らす生《い》き方《かた》」「自然《しぜん》の恩恵《おんけい》に感謝《かんしゃ》する暮《く》らし」を取《と》りもどす必要性《ひつようせい》を切《せつ》実《じつ》に感《かん》じたからです。

現代《げんだい》の世界《せかい》は、科学技術《かがくぎじゅつ》の目覚《めざ》ましい発達《はったつ》と、それに伴《ともな》う経済発展《けいざいはってん》の結果《けっか》、先進《せんしん》諸国《しょこく》においては、人々《ひとびと》の暮《く》らしは物質的《ぶっしつてき》に豊《ゆた》かになり、寿命《じゅみょう》も延《の》び、効率的《こうりつてき》で便利《べんり》な暮《く》らしを享受《きょうじゅ》できるようになりました。その一方《いっぽう》で、地球資源《ちきゅうしげん》の野放図《のほうず》な消費《しょうひ》により、環境破壊《かんきょうはかい》と地球温暖化《ちきゅうおんだんか》による気候変動《きこうへんどう》や自然災害《しぜんさいがい》が頻発《ひんぱつ》して、今《いま》や危機的《ききてき》な状況《じょうきょう》にあります。加《くわ》えて人口《じんこう》の爆発的増加《ばくはつてきぞうか》は、食糧《しょくりょう》の安定供給《あんていきょうきゅう》にも暗《くら》い影《かげ》を落《お》とし、飢餓《きが》の問題《もんだい》が深刻化《しんこくか》しています。このような自然《しぜん》と人類《じんるい》との対立《たいりつ》の背後《はいご》には、人間中心主義《にんげんちゅうしんしゅぎ》の考《かんが》え方《かた》があります。それは、人間《にんげん》の幸福《こうふく》のためには、他《た》の動物《どうぶつ》や生物《せいぶつ》を犠牲《ぎせい》にしてもよいというものです。人間《にんげん》を取《と》り巻《ま》く自然《しぜん》——すなわち動物《どうぶつ》や植物《しょくぶつ》、鉱物《こうぶつ》、自然環境《しぜんかんきょう》そのものが、人間《にんげん》の生存《せいぞん》にはなくてはならないものだということを、私《わたし》たちは忘《わす》れてしまったのです。

地球資源《ちきゅうしげん》と科学技術《かがくぎじゅつ》を使《つか》えば、人間《にんげん》は豊《ゆた》かで効率《こうりつ》の良《よ》い暮《く》らしができると錯覚《さっかく》してしまいました。その結果《けっか》として、世界《せかい》の国々《くにぐに》は融和《ゆうわ》ではなく、対立《たいりつ》と競争《きょうそう》を繰《く》り返《かえ》し、自国中心主義《じこくちゅうしんしゅぎ》が拡大《かくだい》しています。第二次世界大戦後《だいじせかいたいせんご》、殺《ころ》し合《あ》いの悲惨《ひさん》さを学《まな》んだ人々《ひとびと》は、対立《たいりつ》のない〝一《ひと》つの世界《せかい》〟を目指《めざ》そうと、理想《りそう》に向《む》かって進《すす》んできたにもかかわらず、いつの間《ま》にか後退《こうたい》しているように見《み》えます。これらは、人々《ひとびと》が都会《とかい》の生活《せいかつ》を理想《りそう》としていることと無縁《むえん》ではないでしょう。

自然《しぜん》に近《ちか》い田舎《いなか》の暮《く》らしをしていると、人間《にんげん》が生《い》きるためには自然《しぜん》は欠《か》くことができないとよくわかります。また、どんなに科学技術《かがくぎじゅつ》が発達《はったつ》しても、自然《しぜん》の偉大《いだい》な力《ちから》の前《まえ》には、人間《にんげん》は無力《むりょく》であるということも、経験《けいけん》の中《なか》から否応《いやおう》なく学《まな》びます。都《と》会《かい》で生活《せいかつ》していると、「自然《しぜん》と共《とも》に生《い》きる」ことの価値《かち》を心情的《しんじょうてき》、理論的《りろんてき》に理解《りかい》しても、自然《しぜん》と触《ふ》れ合《あ》う生活実感《せいかつじっかん》が伴《ともな》わないので結局《けっきょく》、机上《きじょう》の空論《くうろん》になり、「自分《じぶん》の生活《せいかつ》を変《か》えていく」ことの意味《いみ》や目的《もくてき》を本当《ほんとう》には理解《りかい》できず、それによって得《え》られる喜《よろこ》びも得《え》ることができません。

いま世界《せかい》が直面《ちょくめん》している問題《もんだい》は、一人一人《ひとりひとり》が、何《なに》を目指《めざ》しどんな生活《せいかつ》をするかという価値観《かちかん》とライフスタイルに深《ふか》くかかわっています。自然《しぜん》の中《なか》では、少《すこ》し不便《ふべん》で面倒《めんどう》でも、心《こころ》が豊《ゆた》かになり、生《い》きる喜《よろこ》びが心《こころ》から感《かん》じられる生活《せいかつ》があるのですが、都会中心《とかいちゅうしん》の生活《せいかつ》の中《なか》で多《おお》くの人《ひと》たちは、目《め》の前《まえ》にある便利《べんり》で効率《こうりつ》のいい、物質的《ぶっしつてき》な豊《ゆた》かさに目《め》が眩《くら》んでいるのかもしれません。

この本《ほん》の最後《さいご》の章《しょう》には、二〇一八年《ねん》四月《がつ》に行《おこな》われた、生長《せいちょう》の家白鳩会《いえしろはとかい》*1の全国幹部研鑽会《ぜんこくかんぶけんさんかい》での私《わたし》の講演《こうえん》が収録《しゅうろく》されています。幹部《かんぶ》の皆《みな》さんを前《まえ》にした講演《こうえん》を、このような一般向《いっぱんむ》けの本《ほん》に入《い》れることにためらいも感《かん》じました。けれども内容《ないよう》を確《たし》かめてみると、どなたにも知《し》っていただきたい話《はなし》であり、人類生存《じんるいせいぞん》の根源《こんげん》に関《かか》わる重要《じゅうよう》な話《はなし》だと思《おも》い、収録《しゅうろく》することにしました。

この本のタイトルである「46億年《おくねん》のいのち」とは、地球《ちきゅう》が誕生《たんじょう》して四十六億年《おくねん》であり、その長《なが》い時間《じかん》の中《なか》で四十億年前《おくねんまえ》に最初《さいしょ》のいのちが生《う》まれ、次々《つぎつぎ》に沢山《たくさん》のいのちが海《うみ》から陸《りく》へと誕生《たんじょう》しました。そして太陽《たいよう》の恵《めぐ》みと緑色植物《りょくしょくしょくぶつ》、私《わたし》たちが名《な》も知《し》らない微生物《びせいぶつ》や小《ちい》さな虫《むし》たちの働《はたら》きも加《くわ》わり、二十万年前《まんねんまえ》に私《わたし》たちはやっと地球《ちきゅう》の

＊1　生長の家の女性の組織。

住人《じゅうにん》になれました。それらすべてのいのちを指《さ》しています。

一見《いっけん》、いのちあふれる〝楽園《らくえん》〟のような地球《ちきゅう》ですが、その地球《ちきゅう》で生《い》かされていることの本当《ほんとう》の価値《かち》を多《おお》くの人《ひと》が、忘《わす》れてしまっているのではないでしょうか。この本《ほん》から、人間《にんげん》が他《た》の生物《せいぶつ》や環境《かんきょう》からいかに多《おお》く与《あた》えられ、生《い》かされているかを思《おも》い出《だ》し、あるいは理解《りかい》していただければと願《ねが》います。そして日々《ひび》の生活《せいかつ》の中《なか》で、自分《じぶん》中心《ちゅうしん》ではなく、世界《せかい》の人《ひと》と地球《ちきゅう》のすべての生《い》き物《もの》、自然環境《しぜんかんきょう》にも心《こころ》を寄《よ》せて、楽《たの》しく生《い》きがいに満《み》ちた人生《じんせい》を歩《あゆ》まれる一助《いちじょ》となれば、幸《さいわ》いです。

この本《ほん》の出版《しゅっぱん》に当《あ》たって、生長《せいちょう》の家国際本部《いえこくさいほんぶ》の広報《こうほう》・クロスメディア部《ぶ》と日本《にっぽん》教文社《きょうぶんしゃ》の編集《へんしゅう》の方々《かたがた》には大変《たいへん》お世話《せわ》になりました。心《こころ》から感謝申《かんしゃもう》し上《あ》げます。

二〇一九年《ねん》二月《がつ》二十六日《にち》

ビオトープで今年初《ことしはじ》めてカエルが鳴《な》きました

谷口《たにぐち》　純子《じゅんこ》

46億年のいのち――目次

第1章――分かち合いの社会

第2章——何処を向くのか？

第3章——毎日がラッキー

第4章――神からのメッセージ

第5章――自然はいつも新鮮

第6章——【講演録】〝新しい文明〟の基礎を築くために

本文写真……………………著者
装画・挿画……………………佐々木香菜子
ブックデザイン………………木村奈緒子（ＰＯＲＴ）

46億年のいのち

第1章

分《わ》かち合《あ》いの社会《しゃかい》

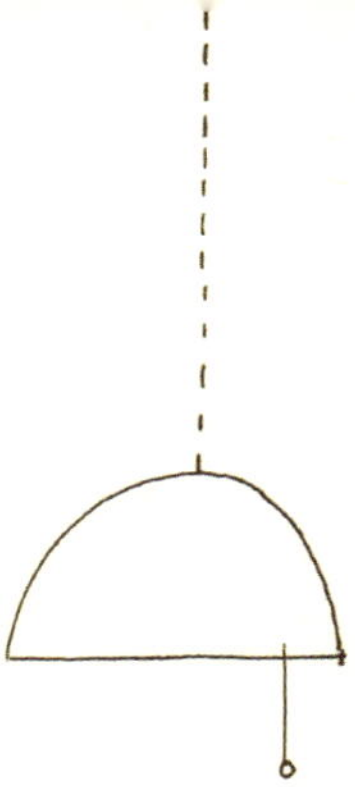

エプロンを作《つく》り直《なお》す

現代《げんだい》の社会《しゃかい》では、私《わたし》たちの周《まわ》りに物《もの》が溢《あふ》れている。中《なか》でも、日用品《にちようひん》は安価《あんか》な製品《せいひん》が多《おお》く、簡単《かんたん》に使《つか》い捨《す》てすることに疑問《ぎもん》を持《も》たない。人々《ひとびと》が便利《べんり》さと、効率《こうりつ》を優先《ゆうせん》しているからだ。

私《わたし》の母《はは》は、大正《たいしょう》十三年生《ねんう》まれで、娘時代《むすめじだい》に第《だい》二次世界大戦《じせかいたいせん》を経験《けいけん》した世代《せだい》だ。物《もの》を大切《たいせつ》にするように、娘《むすめ》にうるさく言《い》う人《ひと》ではなかったが、母《はは》の台所《だいどころ》での仕事《しごと》の様子《ようす》を記憶《きおく》の中《なか》からたどると、何《なん》でも大事《だいじ》に扱《あつか》っていたことを思《おも》い出《だ》す。野菜《やさい》を調理《ちょうり》する時《とき》など、人参《にんじん》やゴボウはきれいに洗《あら》うが、皮《かわ》はなるべく残《のこ》すようにしていた。ホウレンソウの根《ね》も、土《つち》を落《お》とし、ひげ根《ね》を取《と》って食卓《しょくたく》に上《のぼ》らせた。社会《しゃかい》が次《し》第《だい》に豊《ゆた》かになり、食品類《しょくひんるい》が袋《ふくろ》に入《い》れて売《う》られるようになると、その袋《ふくろ》を再利用《さいりよう》していた。

若《わか》い頃《ころ》の私《わたし》は、使《つか》った袋《ふくろ》は捨《す》てるものと思《おも》っていたので、母《はは》の行為《こうい》を何《なに》か貧乏《びんぼう》くさいものと感《かん》じていた。そんなことをしなくても、新《あたら》しい袋《ふくろ》は沢山《たくさん》あるのにと思《おも》ったのだ。戦争《せんそう》の時代《じだい》を経験《けいけん》した人《ひと》は、物《もの》を大切《たいせつ》にする習慣《しゅうかん》が必然的《ひつぜんてき》に身《み》についている。生活物資《せいかつぶっし》も食料《しょくりょう》も底《そこ》をつき、次《つぎ》に手《て》に入《はい》るのが何時《いつ》か分《わ》からない状況《じょうきょう》を懸命《けんめい》に生《い》きた。だから、何《なん》でも大事《だいじ》にし、簡単《かんたん》には捨《す》てられないのだ。

私《わたし》の育《そだ》った時代《じだい》は、戦後《せんご》の物不足《ものぶそく》の貧《まず》しい時代《じだい》が過《す》ぎ、高度経済成長期《こうどけいざいせいちょうき》の真《ま》っただ中《なか》で、社会《しゃかい》は右肩上《みぎかたあ》がりの状態《じょうたい》をひた走《はし》っていた。昨日《きのう》よりは今日《きょう》、今日《きょう》よりは明日《あす》が豊《ゆた》かになると皆《みな》が信《しん》じていた。地球《ちきゅう》の資源《しげん》は無限《むげん》にあり、限《かぎ》りない豊《ゆた》かさの追求《ついきゅう》は人間《にんげん》の当然《とうぜん》の権利《けんり》と思《おも》っていた。そんな中《なか》で育《そだ》ったから、それが人類史《じんるいし》の中《なか》で、特殊《とくしゅ》な時代《じだい》であることなど知《し》る由《よし》もなかった。

産業革命《さんぎょうかくめい》以来《いらい》の機械化《きかいか》は、第二次世界大戦後《だいじせかいたいせんご》さらに急速《きゅうそく》に進《すす》み、大量生産《たいりょうせいさん》、大《たい》量消費文化《りょうしょうひぶんか》のもと、何《なん》でも手《て》に入《はい》るようになり、使《つか》い捨《す》て文化《ぶんか》が社会《しゃかい》を覆《おお》った。

やがて、地球温暖化《ちきゅうおんだんか》による気候変動《きこうへんどう》が、人類全体《じんるいぜんたい》の直面《ちょくめん》する大問題《だいもんだい》として意識《いしき》され、危機感《ききかん》を持《も》つ人《ひと》が現《あらわ》れた。人間《にんげん》が欲望中心《よくぼうちゅうしん》に豊《ゆた》かさを追求《ついきゅう》し、地球資源《ちきゅうしげん》の野《の》放図《ほうず》な使《つか》い方《かた》をすることに警鐘《けいしょう》を鳴《な》らした。それと前後《ぜんご》して、リサイクルや手作《てづく》り、物《もの》を大切《たいせつ》に使《つか》おうという意識《いしき》が、人々《ひとびと》の間《あいだ》に芽生《めば》えてきた。雑誌《ざっし》も特集《とくしゅう》を組《く》むようになった。

工業化《こうぎょうか》が進《すす》む以前《いぜん》は、家内制手工業《かないせいしゅこうぎょう》で様々《さまざま》な日用品《にちようひん》が作《つく》られた。手作《てづく》りだから生《せい》産量《さんりょう》は多《おお》くなく、簡単《かんたん》に手《て》に入《はい》らなかった。だから大切《たいせつ》に扱《あつか》い、ほころびたり壊《こわ》れたりしたものは、繕《つくろ》って直《なお》し使《つか》ってきた。

若《わか》い頃母《ころはは》の行為《こうい》を貧乏《びんぼう》くさいと思《おも》っていた私《わたし》も、物《もの》は使《つか》い捨《す》てにするのではなく、なるべく生《い》かして、無駄《むだ》をしない生活《せいかつ》の大切《たいせつ》さを知《し》るようになり、母《はは》の行為《こうい》が理解《りかい》できるようになった。

今《いま》では何《なん》でも使《つか》えるものはリサイクルし、なるべく捨《す》てるものがない生活《せいかつ》を心《こころ》が

エプロンを作り直す

けている。中《なか》でも楽《たの》しいのは、壊《こわ》れたり、古《ふる》くなった物《もの》を再生《さいせい》して使《つか》うことで、最《さい》近《きん》では、エプロンを作《つく》り直《なお》した。

薄《うす》いピンクの花柄《はながら》で、人《ひと》からいただいたものだが、気《き》に入《い》っていた。ところがポケットのあたりが、黒《くろ》ずんで汚《よご》れてしまった。見《み》た目《め》が汚《きたな》くて、良《よ》くないのだ。エプロン自体《じたい》はしっかりしていて充分使《じゅうぶんつか》えるが、調理中《ちょうりちゅう》にポケットのまわりでつい手《て》を拭《ふ》いてしまうので、洗《あら》っても汚《よご》れが取《と》れなくなった。小《ちい》さく切《き》って、使《つか》い捨《す》ての雑巾《ぞうきん》にしようかとも考《かんが》えたが、ポケット以外《いがい》はまだ十分《じゅうぶん》きれいなので惜《お》しい気《き》がした。そこで、ポケットを外《はず》して、端切《はぎ》れの中《なか》からよく似《に》た布《ぬの》を探《さが》し、新《あたら》しく付《つ》けることにした。加《くわ》えて前《まえ》の部分《ぶぶん》に手拭《てぬぐ》い式《しき》の布《ぬの》もつけた。エプロンは新《あたら》しく買《か》ったもののように生《う》まれ変《か》わり、今《いま》ではそのエプロンをつけるのが楽《たの》しみになっている。

自分《じぶん》で工夫《くふう》し手《て》を使《つか》って作《つく》ったものは、世界《せかい》に一《ひと》つしかなく愛着《あいちゃく》が湧《わ》く。エプロンを蘇《よみがえ》らせたことが喜《よろこ》びにつながった。物《もの》の命《いのち》を生《い》かす行為《こうい》が、心《こころ》にも良《よ》い影響《えいきょう》を及《およ》ぼすものだと改《あらた》めて知《し》った。以前《いぜん》は、作《つく》り直《なお》すなどということは考《かんが》えず、古《ふる》くなったら捨《す》てて、新《あたら》しいものを買《か》うのが当《あ》たり前《まえ》だった。私《わたし》も随分変《ずいぶんか》わったものだと思《おも》う。

自分《じぶん》の手《て》を使《つか》って、物《もの》の命《いのち》を生《い》かし何《なに》かを生《う》み出《だ》す行為《こうい》は、昔《むかし》から人間《にんげん》がしてきたことだ。それが現在《げんざい》は、自分《じぶん》の手《て》を煩《わずら》わさなくても、美《うつく》しく上手《じょうず》に作《つく》られたものが沢山《たくさん》あり、お金《かね》さえ出《だ》せば手《て》に入《はい》る。便利《べんり》ではあるが、消費《しょうひ》をすることによって生活《せいかつ》が支《ささ》えられているだけでは、私《わたし》たちは満足《まんぞく》できない。物《もの》に振《ふ》り回《まわ》されている感《かん》じがするからだ。手作《てづく》りの価値《かち》を尊重《そんちょう》するのは、そんな人間《にんげん》の本性《ほんせい》から来《き》ているのだろう。

帯地《おびじ》や着物《きもの》で作《つく》ったバッグや袋《ふくろ》をいただくことがある。使《つか》うのがもったいないと思《おも》うほど、美《うつく》しく丁寧《ていねい》に作《つく》られている。製作過程《せいさくかてい》で、作者《さくしゃ》はどんな気持《きも》ちだったのだろうかと思《おも》いを馳《は》せる。物《もの》を作《つく》るとき、それが贈《おく》り物《もの》なら、相手《あいて》のことを思《おも》いながら手《て》を動《うご》かす。愛念《あいねん》が心《こころ》に満《み》ち、穏《おだ》やかで幸《しあわ》せな時間《じかん》が過《す》ぎるだろう。

「自分《じぶん》の行為《こうい》が人《ひと》の役《やく》に立《た》っている」そう思《おも》える時《とき》、人《ひと》は生《い》き甲斐《がい》を感《かん》じる。心《こころ》を込《こ》めた時間《じかん》の集積《しゅうせき》、そこにも手作《てづく》りの価値《かち》がある。人《ひと》とのつながりの中《なか》で、手《て》づくりを大切《たいせつ》にしていきたい。

生活《せいかつ》の芯《しん》

日々《ひび》の生活《せいかつ》で私《わたし》が心《こころ》して大切《たいせつ》にしていることには、二《ふた》つの面《めん》がある。一《ひと》つは自分《じぶん》の心《こころ》の問題《もんだい》だ。心《こころ》に憂《うれ》いなく明《あか》るく保《たも》つことを第《だい》一にしている。

そのため朝起《あさお》きたらまず、今日《きょう》も良《よ》い一日《にち》が始《はじ》まることに感謝《かんしゃ》する。「それって、無理《むり》があるんじゃない」と思《おも》う人《ひと》がいるだろうが、まずは良《よ》い日《ひ》と自分《じぶん》で決《き》めてしまうのだ。ふつうに考《かんが》えて悪《わる》いと思《おも》う事《こと》、例《たと》えば楽《たの》しみにしていた外出《がいしゅつ》の予定《よてい》が荒《こう》天《てん》で断念《だんねん》せざるを得《え》ない場合《ばあい》、それでも良《よ》い日《ひ》と言《い》えるのかと疑問《ぎもん》が起《お》こるかもしれない。外出《がいしゅつ》はできなくなったが、その代《か》わり、時間《じかん》ができたらやりたいと思《おも》っていた部屋《へや》の片《かた》づけや物《もの》の整理《せいり》ができるかもしれない。自分《じぶん》が予定《よてい》していたことに、どうしてもこれでなければならないと執着《しゅうちゃく》していると、良《よ》い日《ひ》と悪《わる》い日《ひ》に分《わ》かれてしまい、いつも良《よ》い日《ひ》というわけにはいかなくなってしまう。

柔 軟《じゅうなん》な気持《きも》ちで物事《ものごと》を受《う》け止《と》め、こだわりを捨《す》てると、多様《たよう》な選択肢《せんたくし》が目《め》の前《まえ》に現《あらわ》れ、毎日《まいにち》が良《よ》い日《ひ》になる。これは言《い》うはたやすいが、実際《じっさい》に実行《じっこう》するとなるとそれほど簡単《かんたん》ではない。人《ひと》は誰《だれ》でも自分《じぶん》の基準《きじゅん》やこだわりがあって、それらに反《はん》するものは受《う》け入《い》れがたく、そこから「悪《あく》」という判断《はんだん》が出《で》てくるのだ。

さらに、人《ひと》の悪《わる》い面《めん》を見《み》ずに、良《よ》い面《めん》を見《み》ることである。このことは、一日《にち》を良《よ》い日《ひ》と決《き》めることと根本《こんぽん》は同《おな》じだ。人《ひと》のことを悪《わる》く言《い》ったり、思《おも》ったりして傷《きず》つくのは誰《だれ》かと言《い》えば、その行為《こうい》を行《おこな》った本人《ほんにん》の心《こころ》なのである。

人間《にんげん》には良《よ》い人《ひと》と悪《わる》い人《ひと》があり、重大犯罪《じゅうだいはんざい》を犯《おか》したような人《ひと》は悪人《あくにん》だとの見方《みかた》が一般的《いっぱんてき》だ。けれどもどんな極悪人《ごくあくにん》と見《み》える人《ひと》にも、神性《しんせい》、仏性《ぶっしょう》が宿《やど》っているというのが、多《おお》くの宗教《しゅうきょう》の教《おし》えにある。悪《あく》を犯《おか》した人《ひと》は、自分《じぶん》は悪《わる》いことをしたという自《じ》覚《かく》があるから、逮捕《たいほ》されたときなど自分《じぶん》の顔《かお》を深《ふか》い帽子《ぼうし》や布《ぬの》などで覆《おお》い、隠《かく》すようにする。それは人《ひと》に顔《かお》を見《み》られたくない、社会《しゃかい》に顔《かお》を向《む》けられないと思《おも》うからだろう。そんな行為《こうい》は何処《どこ》から出《で》てくるのかと考《かんが》えると、人間《にんげん》の本質《ほんしつ》に善《ぜん》があるからだとわかる。「そんなものはない」と否定《ひてい》しても、人間《にんげん》の奥底《おくそこ》の心《こころ》、本質《ほんしつ》に宿《やど》る神《かみ》の子《こ》としての善性《ぜんせい》は、実在《じつざい》するのである。

生長《せいちょう》の家《いえ》では、人間《にんげん》はその本質《ほんしつ》に神《かみ》の善《ぜん》が宿《やど》っており、無限《むげん》の可能性《かのうせい》を持《も》つ素晴《すば》らしい存在《そんざい》だとみる。また人生《じんせい》は神《かみ》の善《ぜん》を表現《ひょうげん》するための舞台《ぶたい》のようなものだと教《おし》えるのだ。

人間《にんげん》が悪《わる》いもので、この世界《せかい》は混沌《こんとん》とした無秩序《むちつじょ》の世界《せかい》であるとの見方《みかた》をしていれば、物事《ものごと》の本質《ほんしつ》に善《ぜん》を見《み》ることができないから、明《あか》るい心《こころ》を持《も》つことは難《むずか》しくなるだろう。私《わたし》たちの人生《じんせい》を決《き》めるものは、その人《ひと》がどのような思想《しそう》を持《も》っているかが、大変重要《たいへんじゅうよう》なのである。

毎日《まいにち》を良《よ》い日《ひ》と決《き》め、人《ひと》の本質《ほんしつ》にある善《ぜん》を認《みと》める生《い》き方《かた》は、私《わたし》にとって一種《いっしゅ》のレッスンであり、そう簡単《かんたん》ではない。けれども続《つづ》けることにより、最近《さいきん》では、思《おも》いがけない変化《へんか》にも少《すこ》しは対応《たいおう》できるようになってきて、それはレッスンの成果《せいか》ではないかと思《おも》っている。

大切《たいせつ》にしていることの二《ふた》つ目《め》は、何《なに》を食《た》べるかということだ。自分《じぶん》の健康《けんこう》によく、人《ひと》や社会《しゃかい》から奪《うば》わないものを念頭《ねんとう》に置《お》いて食品《しょくひん》を選《えら》び、調理《ちょうり》している。何《なに》か堅苦《かたくる》しく聞《き》こえるかもしれないが、要《よう》するに無農薬有機栽培《むのうやくゆうきさいばい》の野菜《やさい》や食品《しょくひん》の購入《こうにゅう》、地産《ちさん》地消《ちしょう》、旬産旬消《しゅんさんしゅんしょう》、肉食《にくしょく》を控《ひか》えるということだ。

農薬《のうやく》や化学肥料《かがくひりょう》、食品添加物《しょくひんてんかぶつ》などは、現在大量《げんざいたいりょう》に使《つか》われており、それが人体《じんたい》や環《かん》境《きょう》に及《およ》ぼす悪《わる》い影響《えいきょう》は、様々《さまざま》な所《ところ》で指摘《してき》されている。けれども、それらを避《さ》けようとすれば、コストがかかるし、実際《じっさい》に目《め》に見《み》えて被害《ひがい》が感《かん》じられることは少《すく》ないので、重大《じゅうだい》な問題《もんだい》だと考《かんが》えていない人《ひと》も多《おお》い。経済的《けいざいてき》に負担《ふたん》がかかるから、安全《あんぜん》な食《しょく》品《ひん》を選《えら》びたいと思《おも》っても難《むずか》しいという人《ひと》もいるかもしれない。そのような場合《ばあい》には、基本的《きほんてき》な食品《しょくひん》や調味料《ちょうみりょう》だけでも安全《あんぜん》なものを選《えら》ぶというところから始《はじ》められる。

肉食《にくしょく》は地球温暖化《ちきゅうおんだんか》と世界《せかい》の飢餓《きが》の問題《もんだい》と、切《き》っても切《き》れない大《おお》きな関係《かんけい》にある。一部《いちぶ》の例外《れいがい》を除《のぞ》いて牛《うし》や豚《ぶた》、鶏《にわとり》などは狭《せま》い場所《ばしょ》で工業製品《こうぎょうせいひん》のように育《そだ》てられ、病気《びょうき》の感染《かんせん》を防《ふせ》ぐため抗生物質《こうせいぶっしつ》などの薬品《やくひん》が投与《とうよ》されている。屠殺《とさつ》の現場《げんば》は厳重《げんじゅう》に管理《かんり》され、一般《いっぱん》の人《ひと》の目《め》には触《ふ》れない場所《ばしょ》にある。もしそのような現場《げんば》を多《おお》くの人《ひと》が見《み》れば、あまりにも残酷《ざんこく》で、問題《もんだい》が起《お》こるからだろう。かつて人々《ひとびと》は動物《どうぶつ》を屠《ほふ》るときには、いのちをいただくという謙虚《けんきょ》な気持《きも》ちで一物《いちもつ》も無駄《むだ》にせず、丸《まる》ごといただいたということだ。動物《どうぶつ》の肉《にく》が貴重品《きちょうひん》だったこともある。けれども現代《げんだい》は、そのような意識《いしき》や状況《じょうきょう》になく、心《こころ》の痛《いた》みが感《かん》じられないように、残酷《ざんこく》な部分《ぶぶん》は隠《かく》されているのだ。また動物《どうぶつ》に穀物飼料《こくもつしりょう》を与《あた》えて、短期間《たんきかん》での肥育《ひいく》が行《おこな》われているので、人《にん》間《げん》の食糧《しょくりょう》と競合《きょうごう》し、飢餓《きが》の問題《もんだい》と大《おお》きく関《かか》わっている。肉食《にくしょく》をすることは、間接的《かんせつてき》に飢餓《きが》に苦《くる》しむ人《ひと》の食糧《しょくりょう》を奪《うば》っていることになるのだ。

食肉《しょくにく》の長距離輸送《ちょうきょりゆそう》、放牧地《ほうぼくち》のための森林伐採《しんりんばっさい》、二酸化炭素《にさんかたんそ》の数《すう》十倍《ばい》の温室効果《おんしつこうか》がある、動物《どうぶつ》から排泄《はいせつ》されるメタンガスなど、これらは地球温暖化《ちきゅうおんだんか》の大《おお》きな要因《よういん》になっている。

私《わたし》が住《す》んでいるのは山梨県《やまなしけん》の八ヶ岳南麓《やつがたけなんろく》で、冬《ふゆ》の寒《さむ》さが厳《きび》しい。そのような所《ところ》で地元《じもと》の旬《しゅん》の食材《しょくざい》で料理《りょうり》をするのは難《むずか》しいと思《おも》われるかもしれない。だが、冬《ふゆ》には、大根《だいこん》、人参《にんじん》、白菜《はくさい》、青菜《あおな》、かぶ類《るい》、ネギなどは地元《じもと》の有機野菜《ゆうきやさい》が手《て》に入《はい》る。他《ほか》に保《ほ》存《ぞん》の利《き》くイモ類《るい》や玉《たま》ねぎ、かぼちゃ、近県《きんけん》のゴボウやレンコンなどで、変化《へんか》に富《と》んだ豊《ゆた》かな食卓《しょくたく》を整《ととの》えることができる。キュウリ、ナス、トマト、ピーマン、レタスなどの夏野菜《なつやさい》は、冬《ふゆ》の我《わ》が家《や》の食卓《しょくたく》には上《のぼ》らない。

自分《じぶん》の心《こころ》を大切《たいせつ》にすることと、自分《じぶん》だけでなく人《ひと》や環境《かんきょう》に害《がい》を与《あた》えない食生活《しょくせいかつ》をすることは、自分《じぶん》にとって良《よ》いだけでなく、自分《じぶん》を取《と》り巻《ま》く環境《かんきょう》にも良《よ》い効果《こうか》を及《およ》ぼすのである。自分《じぶん》だけに良《よ》いことなどこの世界《せかい》にはなく、本当《ほんとう》に自分自身《じぶんじしん》に良《よ》いことは、他《た》の人《ひと》にも環境《かんきょう》にも良《よ》いことなのである。私《わたし》たちはバラバラの個人《こじん》ではなく、お互《たが》いに皆繋《みなつな》がっている、親《ちか》しい存在《そんざい》である。そのような意味《いみ》で、私《わたし》は自分《じぶん》の生活《せいかつ》の芯《しん》を大事《だいじ》にして、日々《ひび》を過《す》ごしているのだ。

恵《めぐ》みに満《み》ちた日常《にちじょう》

「ほらあの人《ひと》、名前《なまえ》が出《で》てこない。顔《かお》は浮《う》かんでくるんだけど」

夫《おっと》*1と話《はな》していて、こんなことがよくある。人《ひと》の顔《かお》は映像的《えいぞうてき》に出《で》てくるのに、名前《なまえ》が思《おも》い出《だ》せないのだ。明《あき》らかに老化現象《ろうかげんしょう》だが、加齢《かれい》とともに多《おお》くの人《ひと》が経験《けいけん》するそのもどかしさを言《い》い当《あ》て、解決法《かいけつほう》を示《しめ》した本《ほん》がある。脳科学者《のうかがくしゃ》の茂木健一郎《もぎけんいちろう》さんと、将棋《しょうぎ》の棋士《きし》、羽生善治《はぶよしはる》さんの共著《きょうちょ》で、『「ほら、あれだよ、あれ」がなくなる本《ほん》』（徳間書店刊《とくましょてんかん》）だ。

この本《ほん》には、物忘《ものわす》れは脳《のう》の老化現象《ろうかげんしょう》だから、好奇心《こうきしん》を持《も》って生活《せいかつ》し、新《あたら》しいことにどんどん挑戦《ちょうせん》することによって脳《のう》の老化《ろうか》は防《ふせ》げると書《か》かれている。様々《さまざま》なことに

*1　谷口雅宣・生長の家総裁。

積極的《せっきょくてき》に挑戦《ちょうせん》すると、脳《のう》にドーパミンが放出《ほうしゅつ》され脳《のう》の若《わか》さが保《たも》たれるので、記憶《きおく》が引《ひ》き出《だ》されやすくなるからだという。

このことは何《なに》も老化《ろうか》を防《ふせ》ぐことだけではなく、有意義《ゆういぎ》な人生《じんせい》を送《おく》りたいと願《ねが》う人《ひと》にとって、望《のぞ》まれる共通《きょうつう》の行動《こうどう》だろう。そうはいっても、誰《だれ》もが新《あたら》しいことに積極的《せっきょくてき》に挑戦《ちょうせん》する意欲《いよく》をいつも持《も》っているわけではない。新《あたら》しいことは面倒《めんどう》だと思《おも》ったり、意欲《いよく》が湧《わ》かない人《ひと》もいるだろう。何《なん》にでも前向《まえむ》きに挑戦《ちょうせん》してみようと思《おも》うには、それなりの心《こころ》の基盤《きばん》が必要《ひつよう》だ。本《ほん》の中《なか》にはそのことの必要性《ひつようせい》も強調《きょうちょう》されていて、それは安全基地《あんぜんきち》だという。安全基地《あんぜんきち》は人《ひと》との繋《つな》がりの中《なか》から生《う》まれる。家族《かぞく》や友達《ともだち》との豊《ゆた》かな関係《かんけい》があると、人《ひと》は安心《あんしん》して積極的《せっきょくてき》に生《い》きることができる。

前向《まえむ》きに積極的《せっきょくてき》な人生《じんせい》を生《い》きることが、様々《さまざま》な面《めん》で私《わたし》たちの人生《じんせい》を良《よ》い方向《ほうこう》に導《みちび》くことはよく知《し》られている。その最《もっと》も基本《きほん》となるのは、日々《ひび》の生活《せいかつ》の中《なか》で、何処《どこ》を見《み》るか、何《なに》を大切《たいせつ》にするかである。私《わたし》たちのまわりにはさまざまなことが起《お》こる。良《よ》いことや悪《わる》いこと、不安《ふあん》な思《おも》いも出《で》てくる。

梅ジャム
梅ジャム
梅ジャム

悪《わる》いことや不安《ふあん》な思《おも》いは、心《こころ》でしっかりつかんで何《なん》とか対処《たいしょ》しなければ、解消《かいしょう》しないと考《かんが》える人《ひと》も多《おお》い。けれども実際《じっさい》は、心《こころ》でつかめばつかむほど、悪《あく》や不安《ふあん》は増幅《ぞうふく》するばかりで消《き》えることはない。その反対《はんたい》に良《よ》いことをしっかり味《あじ》わい、感謝《かんしゃ》したり喜《よろこ》んだりすると、心《こころ》の次元《じげん》が変《か》わってきて、悪《あく》や不安《ふあん》が気《き》にならなくなったり、消《き》えてしまう。悪《あく》や不安《ふあん》は、自己中心的《じこちゅうしんてき》な狭《せま》いものの見方《みかた》から生《う》まれることが多《おお》いので、その反対《はんたい》の感謝《かんしゃ》や讃嘆《さんたん》の心《こころ》になれば、消滅《しょうめつ》してしまうのだ。

もともと人間《にんげん》はみな理想主義者《りそうしゅぎしゃ》なので、良《よ》いことよりは悪《わる》いことに敏感《びんかん》に反応《はんのう》する。自分《じぶん》の理想《りそう》に照《て》らし合《あ》わせて、世界《せかい》を見《み》るからだ。けれども一方《いっぽう》で、人間《にんげん》は楽《たの》しいこと、良《よ》いこと、美《うつく》しいものを本質的《ほんしつてき》に好《この》むから、人《ひと》の長所《ちょうしょ》や良《よ》い出来事《できごと》を見《み》たり聞《き》いたりすると、心《こころ》が明《あか》るくなる。

そんな人間《にんげん》の心《こころ》の特徴《とくちょう》を捉《とら》えて、生長《せいちょう》の家《いえ》が勧《すす》めているのが、人生《じんせい》の明《あか》るい面《めん》を見《み》る日時計主義《ひどけいしゅぎ》*2の生活《せいかつ》だ。このためには、まず自己中心的《じこちゅうしんてき》な善《ぜん》の尺度《しゃくど》を捨《す》てることが必要《ひつよう》である。

＊2　日時計が太陽の輝く時刻のみを記録するように、人生において光明面のみを見る生き方。

物質的《ぶっしつてき》に豊《ゆた》かになると、ささやかなことに満足《まんぞく》できなくなるのが人間《にんげん》だが、人生《じんせい》の光明面《こうみょうめん》は、人間《にんげん》に基本的《きほんてき》に与《あた》えられている、日光《にっこう》や空気《くうき》や水《みず》の恩恵《おんけい》に気付《きづ》き感《かん》謝《しゃ》することで見出《みいだ》せる。すると、住《す》む家《いえ》があり、食事《しょくじ》がいただける当《あ》たり前《まえ》の日《にち》常《じょう》が、いかに尊《とうと》く有《あ》り難《がた》いかがわかる。自分《じぶん》で生《い》きているように思《おも》っても、本当《ほんとう》は多《おお》くの人《ひと》や天地《てんち》の万物《ばんぶつ》によって生《い》かされている命《いのち》であるとわかれば、感謝《かんしゃ》の思《おも》いは限《かぎ》りない。その事《こと》を忘《わす》れないために、私《わたし》は謙虚《けんきょ》な心《こころ》で、自分《じぶん》のまわりに与《あた》えられているものに、できる限《かぎ》り感謝《かんしゃ》するようにしている。

自分《じぶん》の心《こころ》を意識的《いしきてき》に、明《あか》るい方向《ほうこう》に持《も》っていくための実践《じっせん》である。それをしないと、目《め》の前《まえ》の現実《げんじつ》に引《ひ》きずられて、自分《じぶん》の中《なか》にある善《ぜん》の尺度《しゃくど》で物事《ものごと》を量《はか》り、悪《あく》が目《め》につくからだ。訓練《くんれん》を続《つづ》けることで、現実《げんじつ》の不完全《ふかんぜん》さよりも、その本質《ほんしつ》の恵《めぐ》みや豊《ゆた》かさに気《き》が付《つ》くようになる。

また、月《つき》に一度《ど》、お茶碗《ちゃわん》一杯《ぱい》のご飯《はん》とお味噌汁《みそしる》だけの食事《しょくじ》をすることを実践《じっせん》している。これは世界《せかい》で飢餓《きが》で苦《くる》しむ人《ひと》のことを思《おも》うための行動《こうどう》だ。日本《にっぽん》で生活《せいかつ》している限《かぎ》り、飢餓《きが》の現実《げんじつ》ははるか遠《とお》い世界《せかい》のことで、実感《じっかん》が乏《とぼ》しい。そのため、一汁《いちじゅう》一飯《いっぱん》をすることにより、ささやかでも飢餓《きが》の人々《ひとびと》に少《すこ》し寄《よ》り添《そ》うことができる。すると、普段当《ふだんあ》たり前《まえ》にいただいている食事《しょくじ》が、いかに豊《ゆた》かなものかが分《わ》かる。また、少《すこ》しの食事《しょくじ》でも感謝《かんしゃ》していただくと、とてもおいしく有《あ》り難《がた》いと感《かん》じる。食《た》べ物《もの》を粗末《そまつ》にしてはいけない思《おも》いも深《ふか》まる。

質素《しっそ》な食事《しょくじ》をすることは、人生《じんせい》の光明面《こうみょうめん》を見《み》る日時計主義《ひどけいしゅぎ》の生活《せいかつ》と通《つう》じるものがある。物質的《ぶっしつてき》に豊《ゆた》かにものがなくても、そのままで人間《にんげん》は限《かぎ》りない恵《めぐ》みの中《なか》で生《い》かされていることに気《き》が付《つ》くのだ。

人間《にんげん》は心《こころ》によって自分《じぶん》の環境《かんきょう》をつくる。自分《じぶん》のまわりに展開《てんかい》する世界《せかい》は、自分《じぶん》の心《こころ》がつくったものだから、心《こころ》を変《か》えることによって環境《かんきょう》は変化《へんか》する。心《こころ》に強《つよ》く想《おも》うことが私《わたし》たちの人生《じんせい》をつくるから、何《なに》を多《おお》く思《おも》うかということは、どんな人生《じんせい》を歩《あゆ》むのか、望《のぞ》むのかということと、切《き》り離《はな》して考《かんが》えることはできない。

人生《じんせい》の光明面《こうみょうめん》に目《め》を向《む》ける日時計主義《ひどけいしゅぎ》の生活《せいかつ》は、そのままで豊《ゆた》かな恵《めぐ》みの中《なか》で生《い》かされていることに気《き》づかせてくれる。満《み》たされた心《こころ》は積極的《せっきょくてき》な人生《じんせい》へと人《ひと》を向《む》かわせるのである。

分《わ》かち合《あ》いの社会《しゃかい》

日本《にっぽん》の子《こ》どもの六人《にん》に一人《ひとり》が、貧困状態《ひんこんじょうたい》にあると聞《き》いたのは、三年前《ねんまえ》のことだった。とりわけ一人親家庭《ひとりおやかてい》では、約半分《やくはんぶん》の二人《ふたり》に一人《ひとり》が貧困状態《ひんこんじょうたい》にあると知《し》り、衝撃《しょうげき》を覚《おぼ》えた。その後《ご》、子《こ》どもの貧困《ひんこん》の問題《もんだい》は、メディアでも取《と》り上《あ》げられ、実際《じっさい》に貧困家庭《ひんこんかてい》の母親《ははおや》や子《こ》どもが登場《とうじょう》して、実態《じったい》を伝《つた》える番組《ばんぐみ》も放映《ほうえい》された。成長期《せいちょうき》にありながら、充分《じゅうぶん》に食事《しょくじ》が食《た》べられなかったり、一《ひと》つのラーメンを家族《かぞく》で分《わ》け合《あ》うケースもあるという。飽食《ほうしょく》の時代《じだい》といわれ、テレビの番組《ばんぐみ》はグルメや各《かく》地《ち》の美味《びみ》を紹介《しょうかい》するものが目立《めだ》つ。食品《しょくひん》の廃棄《はいき》も大《おお》きな問題《もんだい》であり、食《た》べられるものの三分《ぶん》の一から四分《ぶん》の一が棄《す》てられているのが、日本《にっぽん》の現状《げんじょう》である。スーパーやデパートの地下《ちか》食料品売《しょくりょうひんう》り場《ば》も、食《た》べ物《もの》であふれている。このアンバランスは、何処《どこ》から来《き》ているのだろうと疑問《ぎもん》に思《おも》わずにはいられない社会状況《しゃかいじょうきょう》だ。

かつて日本全体《にっぽんぜんたい》が貧《まず》しかった時代《じだい》は、如何《いか》にお腹《なか》を満《み》たすかが大《おお》きな問題《もんだい》だった。いまは、充分食《じゅうぶんた》べられても、もっとおいしいもの、贅沢《ぜいたく》なものを、なるべく安《やす》く食《た》べたいという傾向《けいこう》があるようだ。国際化《こくさいか》も進《すす》んでいる現代《げんだい》、外国《がいこく》の安価《あんか》なものが市場《しじょう》を占《し》めている。「足《た》るを知《し》る」という言葉《ことば》があるが、これくらいで十分《じゅうぶん》、これ以上《いじょう》は求《もと》めないという基準《きじゅん》があってもいいのではないかと思《おも》う。その基準《きじゅん》は、人《ひと》それぞれで同《おな》じでなくても良《よ》いが、沢山《たくさん》あったら人《ひと》に分《わ》けよう、という分《わ》かち合《あ》いの心《こころ》を多《おお》くの人《ひと》が持《も》っていれば、政治《せいじ》もその方向《ほうこう》に向《む》かう。が、残念《ざんねん》ながら現代《げんだい》の日《にっ》本《ぽん》はそうではない。新自由主義経済《しんじゆうしゅぎけいざい》のもとで激《はげ》しい競争《きょうそう》が行《おこな》われ、豊《ゆた》かな人《ひと》はさらに豊《ゆた》かになり、貧《まず》しい人《ひと》はなかなか貧《まず》しさから抜《ぬ》けられないのである。

自由主義社会《じゆうしゅぎしゃかい》では、貧《まず》しいことは、貧《まず》しい本人《ほんにん》のせいであり、努力《どりょく》が足《た》りないとか怠《なま》け者《もの》だという自己責任論《じこせきにんろん》になりやすい。けれども、そればかりではなく、社会《しゃかい》が何《なに》を目指《めざ》すかが貧困《ひんこん》と大《おお》きく関係《かんけい》してくる。格差社会《かくさしゃかい》が形成《けいせい》されていくことも同《おな》じ線上《せんじょう》だ。

フードバンクというのがある。これは非営利団体《ひえいりだんたい》で、全国《ぜんこく》に四十カ所前後《しょぜんご》ある。食品《しょくひん》の中《なか》で、内容《ないよう》には全《まった》く問題《もんだい》ないが、パッケージが破損《はそん》したり汚《よご》れたりしたものは、市場《しじょう》に出《だ》せない。賞味期限《しょうみきげん》が近《ちか》いものなども廃棄処分《はいきしょぶん》になることがある。企業《きぎょう》やスーパーなどと連携《れんけい》し、まだ食《た》べられるにもかかわらず、捨《す》てられる食品《しょくひん》の提供《ていきょう》を受《う》け、貧困家庭《ひんこんかてい》に届《とど》けるのがフードバンクの活動《かつどう》だ。

フードドライブというのもあって、地域《ちいき》の社会福祉協議会《しゃかいふくしきょうぎかい》や、フードバンクと提《てい》携《けい》しているスーパーなどに大《おお》きな容器《ようき》が置《お》かれていて、スーパーで買《か》ったものや家《いえ》にある食品《しょくひん》を寄付《きふ》する活動《かつどう》をしている。クリスマスの時期《じき》や夏休《なつやす》みに実施《じっし》されることが多《おお》い。私《わたし》の住《す》んでいる山梨県《やまなしけん》にも、フードバンク山梨《やまなし》というのがあり、私《わたし》もフードドライブの活動《かつどう》に何度《なんど》か協力《きょうりょく》したことがある。

子《こ》どもの貧困問題《ひんこんもんだい》をきっかけに、生長《せいちょう》の家《いえ》でも、子《こ》ども食堂《しょくどう》の活動《かつどう》を始《はじ》めた。山《やま》梨県《なしけん》北杜市《ほくとし》長坂町《ながさかちょう》に生長《せいちょう》の家《いえ》の職員寮《しょくいんりょう》がある。その中《なか》に地域《ちいき》の人々《ひとびと》との交流《こうりゅう》の場《ば》として集会所《しゅうかいじょ》を作《つく》った。この集会所《しゅうかいじょ》には台所《だいどころ》があり、調理《ちょうり》ができるようになっている。その集会所《しゅうかいじょ》で、二〇一五年《ねん》から月《つき》に一回《かい》、日曜日《にちようび》のお昼《ひる》に子《こ》ども食堂《しょくどう》を開《ひら》いている。寮《りょう》に住《す》んでいる職員《しょくいん》の妻《つま》たちがボランティアで、調理《ちょうり》を担当《たんとう》してくれている。貧困《ひんこん》の子《こ》どもたちの少《すこ》しでも助《たす》けになることができたらという思《おも》いで、始《はじ》められた。生長《せいちょう》の家《いえ》は宗教団体《しゅうきょうだんたい》なので、子《こ》ども食堂《しょくどう》に行《い》くと、入信《にゅうしん》させられるのではないかなどと思《おも》われないように、案内《あんない》のチラシなどをいろいろ工夫《くふう》した。地域《ちいき》の図書館《としょかん》や児童館《じどうかん》などに置《お》かせてもらったりしたが、それでもなかなか一般《いっぱん》の人《ひと》が来《き》てくれることがなかった。さらに地元《じもと》のラジオ局《きょく》からも案内《あんない》をしてもらった。

何《なに》かを始《はじ》めても、すぐに上手《うま》くいくということはあまりなく、軌道《きどう》に乗《の》るにはそれなりの時間《じかん》がかかる。特《とく》に貧困《ひんこん》の問題《もんだい》は人《ひと》に知《し》られたくないという思《おも》いが働《はたら》くし、子《こ》どもが貧困《ひんこん》を理由《りゆう》に、学校《がっこう》でいじめにあうということもある。無料《むりょう》の子《こ》ども食堂《しょくどう》があっても、行《い》くきっかけがないものだ。子《こ》ども食堂《しょくどう》は今《いま》、全国《ぜんこく》でかなりの数《かず》が行《おこな》われているようだが、対象《たいしょう》の子《こ》どもがあまり来《き》てくれないのが、共通《きょうつう》の悩《なや》みになっている。

地域《ちいき》の交流《こうりゅう》の場《ば》という意味合《いみあ》いもかねて始《はじ》めた子《こ》ども食堂《しょくどう》だが、二年《ねん》くらいは職《しょく》員寮《いんりょう》の子《こ》ども中心《ちゅうしん》だったので、当初《とうしょ》の目的《もくてき》が叶《かな》わず、このまま続《つづ》けて意味《いみ》があるのだろうかと考《かんが》えたこともあった。ところが約《やく》二年《ねん》が経《た》った頃《ころ》から、少《すこ》しずつ外部《がいぶ》の人《ひと》が参加《さんか》してくれるようになった。生長《せいちょう》の家《いえ》や子《こ》ども食堂《しょくどう》に対《たい》する認知度《にんちど》が上《あ》がったためではないかと思《おも》うが、続《つづ》けることの大切《たいせつ》さを学《まな》んだ。ちょうどそんな頃《ころ》、図《と》書館《しょかん》でチラシを見《み》たという地元《じもと》のパン屋《や》さんが、子《こ》ども食堂《しょくどう》でパンを使《つか》うときには、無料《むりょう》で提供《ていきょう》すると、申《もう》し出《で》てくださり、みんなで喜《よろこ》んだ。

人《ひと》が困《こま》っていたら、何《なに》か手助《てだす》けをしたいというのは、人《ひと》に共通《きょうつう》する気持《きも》ちである。その行動《こうどう》は、周《まわ》りの人《ひと》にも影響《えいきょう》を及《およ》ぼす。「独《ひと》り占《じ》め」や「自分《じぶん》だけ良《よ》ければ」ではなく、「分《わ》かち合《あ》おう」という心《こころ》は、やがて社会《しゃかい》にも影響《えいきょう》を及《およ》ぼしていくに違《ちが》いない。

地球《ちきゅう》を救《すく》う買《か》い物《もの》

「買《か》い物《もの》は、世界《せかい》を救《すく》う。」というカード会社《がいしゃ》のキャッチコピーがあったが、私《わたし》は違《ちが》う意味《いみ》で「買《か》い物《もの》が地球《ちきゅう》を救《すく》う」と思《おも》っている。

カード会社《がいしゃ》の「買《か》い物《もの》は、世界《せかい》を救《すく》う。」というのは、人々《ひとびと》が消費《しょうひ》をすることで、経済《けいざい》が活性化《かっせいか》し、雇用《こよう》が増《ふ》え、収入《しゅうにゅう》が上《あ》がり、豊《ゆた》かな生活《せいかつ》が実現《じつげん》するというほどの意味《いみ》だと考《かんが》えられる。だから、どんどん買《か》い物《もの》をすることを奨励《しょうれい》している。かつてはこの考《かんが》え方《かた》の下《もと》、先進諸国《せんしんしょこく》においては経済発展《けいざいはってん》が実現《じつげん》し、人々《ひとびと》の生活《せいかつ》は豊《ゆた》かになった。けれどもその裏側《うらがわ》では、発展途上国《はってんとじょうこく》の人々《ひとびと》の生活《せいかつ》が犠牲《ぎせい》になり、格差《かくさ》が生《う》まれ、地球《ちきゅう》の環境《かんきょう》は破壊《はかい》された。当時《とうじ》の考《かんが》え方《かた》では、地球《ちきゅう》の資源《しげん》は無限《むげん》にあり、人《じん》類《るい》が物質的豊《ぶっしつてきゆた》かさを追求《ついきゅう》するためにそれらを使《つか》い続《つづ》けることに、何《なん》の疑問《ぎもん》も持《も》たなかった。人間《にんげん》が求《もと》める物質的《ぶっしつてき》な豊《ゆた》かさや生活《せいかつ》の向上《こうじょう》には限《かぎ》りがなく、何処《どこ》までも追求《ついきゅう》することが、人類《じんるい》の進歩《しんぽ》であり、当然《とうぜん》の権利《けんり》であると信《しん》じていた。現在《げんざい》の世界《せかい》の状況《じょうきょう》とは、随分隔《ずいぶんへだ》たった認識《にんしき》だったと思《おも》う。

今《いま》の地球《ちきゅう》は、人々《ひとびと》が多《おお》く消費《しょうひ》し、エネルギーを沢山使《たくさんつか》ったことにより、大気中《たいきちゅう》の二酸化炭素《にさんかたんそ》の濃度《のうど》が増《ふ》え、温暖化《おんだんか》している。その結果《けっか》、地球生態系《ちきゅうせいたいけい》は傷《きず》つき、絶滅《ぜつめつ》した種《しゅ》の数《かず》は数《かぞ》えきれないほどである。また温暖化《おんだんか》は気候変動《きこうへんどう》を引《ひ》き起《お》こし、世界《せかい》各地《かくち》で人々《ひとびと》の生活《せいかつ》に多大《ただい》な影響《えいきょう》を及《およ》ぼしている。

人類《じんるい》が今《いま》まで通《どお》りの生活《せいかつ》をしていたら、あと数《すう》十年《ねん》で地球環境《ちきゅうかんきょう》の変化《へんか》は後戻《あともど》りできない危機的《ききてき》な状況《じょうきょう》になると、多《おお》くの科学者《かがくしゃ》は指摘《してき》している。今《いま》の世界《せかい》では、いかに適正《てきせい》な消費《しょうひ》をし、二酸化炭素《にさんかたんそ》の排出《はいしゅつ》を抑制《よくせい》するかが、喫緊《きっきん》の課題《かだい》なのである。

地球《ちきゅう》に住《す》む人間《にんげん》の数《かず》は、この百年《ねん》くらいで人口爆発《じんこうばくはつ》と言《い》われるほど増《ふ》えている。一九〇〇年《ねん》には一六億人《おくにん》だった人口《じんこう》が、一九五〇年《ねん》には二五億人《おくにん》、二〇〇〇年《ねん》には

地球を救う買い物

六〇億人《おくにん》、そして二〇一七年《ねん》は七四億人《おくにん》と、百年少《ねんすこ》しで五倍近《ばいちか》くに増《ふ》えている。これだけ多《おお》くの人《ひと》が、際限《さいげん》のない物質的向上《ぶっしつてきこうじょう》を目指《めざ》す生《い》き方《かた》を求《もと》めると、地球《ちきゅう》の許容《きょよう》範囲《はんい》を超《こ》えてしまう。二十世紀《せいき》は科学技術《かがくぎじゅつ》が目覚《めざ》ましい進歩《しんぽ》を遂《と》げ、技術《ぎじゅつ》の力《ちから》で人間《にんげん》に不可能《ふかのう》はないという錯覚《さっかく》に陥《おちい》るほどであったが、自然《しぜん》の力《ちから》に対《たい》して人間《にんげん》は無力《むりょく》である。

二〇一一年《ねん》の東日本大震災《ひがしにほんだいしんさい》で、東北《とうほく》の海岸《かいがん》に押《お》し寄《よ》せた大津波《おおつなみ》に対《たい》して、人《ひと》は為《な》すすべがなかった。過去《かこ》に何度《なんど》も大津波《おおつなみ》が押《お》し寄《よ》せたこの地方《ちほう》には、先人《せんじん》が後世《こうせい》のために「ここまで津波《つなみ》が押《お》し寄《よ》せた」という印《しるし》として建《た》てた津波石《つなみいし》の石碑《せきひ》が各所《かくしょ》にあった。その石碑《せきひ》より高《たか》い場所《ばしょ》を生活圏《せいかつけん》にするようにとの警告《けいこく》である。けれども多《おお》くの人《ひと》は、現代《げんだい》の技術力《ぎじゅつりょく》や情報《じょうほう》を信頼《しんらい》し、石碑《せきひ》のサインに従《したが》わなかったのだ。目《め》の前《まえ》に惨事《さんじ》を見《み》せつけられないと、中々行動《なかなかこうどう》に移《うつ》れないのが人間《にんげん》である。

地球温暖化《ちきゅうおんだんか》が進《すす》むなかで、災害《さいがい》に遭遇《そうぐう》した人以外《ひといがい》は、当《あた》り前《まえ》の何事《なにごと》もない日常《にちじょう》が目《め》の前《まえ》に展開《てんかい》している。そのため、異常気象《いじょうきしょう》の頻発《ひんぱつ》や、資源《しげん》の奪《うば》い合《あ》いによる紛争《ふんそう》などが予測《よそく》されていても、差《さ》し迫《せま》った危機感《ききかん》はなく、多《おお》くの人《ひと》がいまだに経済発展《けいざいはってん》が人間《にんげん》の幸福《こうふく》につながると思《おも》っている。

二〇一六年《ねん》に熊本《くまもと》で地震《じしん》が起《お》こったが、地震《じしん》の体験《たいけん》を記《しる》した生長《せいちょう》の家《いえ》熊本県教化部《くまもとけんきょうかぶ》[*1]発行《はっこう》の「熊本地震体験集《くまもとじしんたいけんしゅう》」を送《おく》っていただいた。それを読《よ》むと、多《おお》くの人《ひと》が「当《あ》たり前《まえ》の日常《にちじょう》の有《あ》り難《がた》さ」と「自然《しぜん》の恩恵《おんけい》、人《ひと》のつながりの尊《とうと》さ」を実感《じっかん》されていた。

人間《にんげん》は地球《ちきゅう》の生態系《せいたいけい》の一員《いちいん》で、生態系《せいたいけい》が損傷《そんしょう》されれば、人間《にんげん》にとって生《い》きにくい所《ところ》となる。そのことを知《し》れば、生態系《せいたいけい》を健全《けんぜん》に保《たも》つことが、人間《にんげん》の生存《せいぞん》を確保《かくほ》し、幸福《こうふく》につながるということがわかる。生態系《せいたいけい》を健全《けんぜん》に保《たも》つには、これ以上《いじょう》二酸化炭素《にさんかたんそ》を排出《はいしゅつ》してはいけないのだ。

そのためにも、私《わたし》たちの日々《ひび》の活動基準《かつどうきじゅん》をどこに置《お》くかが大切《たいせつ》になる。地球生態系《ちきゅうせいたいけい》の危機《きき》の原因《げんいん》が、化石燃料《かせきねんりょう》を主《しゅ》とするエネルギーの使《つか》い過《す》ぎによる二酸化炭素《にさんかたんそ》の濃度《のうど》の上昇《じょうしょう》だから、可能《かのう》な限《かぎ》り自然《しぜん》エネルギーを使《つか》い、電気《でんき》、ガス、水道《すいどう》などの節《せつ》

＊1　生長の家の布教・伝道の拠点。

約《やく》に心《こころ》を配《くば》ることが求《もと》められる。さらに私《わたし》たちは、毎日食事《まいにちしょくじ》をするために買《か》い物《もの》をしたり、外食《がいしょく》をする。その時《とき》どんなものを食材《しょくざい》として買《か》うか、何《なに》を注文《ちゅうもん》するかで、二酸化炭素《にさんかたんそ》の排出量《はいしゅつりょう》が違《ちが》ってくるのだ。

低炭素《ていたんそ》の食材《しょくざい》とは、いうまでもなく、地産地消《ちさんちしょう》、旬産旬消《しゅんさんしゅんしょう》である。国際化《こくさいか》が進《すす》み、日本《にっぽん》は世界各地《せかいかくち》から沢山《たくさん》の食品《しょくひん》を輸入《ゆにゅう》している。例《たと》えば同《おな》じ和食《わしょく》の献立《こんだて》でも、地元《じもと》の食材《しょくざい》だけを使《つか》って作《つく》ったものと、地元以外《じもといがい》の国内《こくない》や海外《かいがい》の食材《しょくざい》を使《つか》ったものでは、二酸化炭素《にさんかたんそ》の排出量《はいしゅつりょう》が地元《じもと》だけのものに比《くら》べ、四十三倍《ばい》になったという調査《ちょうさ》がある。この場合《ばあい》、地元以外《じもといがい》の国産《こくさん》や海外産《かいがいさん》の食品《しょくひん》を使《つか》う基準《きじゅん》は、その地域《ちいき》の市場《しじょう》で、最《もっと》も入荷《にゅうか》の多《おお》かったものを選《えら》んだということだ。例《たと》えば食材《しょくざい》に人参《にんじん》を使《つか》う場合《ばあい》、国産《こくさん》のものもあるが、中国産《ちゅうごくさん》が入荷量《にゅうかりょう》で一番多《いちばんおお》かった場合《ばあい》、中国産《ちゅうごくさん》を求《もと》めたということである。

この調査《ちょうさ》で、値段《ねだん》のことは表示《ひょうじ》されていなかったが、その時一番入荷量《ときいちばんにゅうかりょう》が多《おお》いということは、安《やす》く出回《でまわ》っているということだろう。遠《とお》くから運《はこ》ばれてきたものが、地元《じもと》のものより安《やす》いというのは、地球生態系《ちきゅうせいたいけい》への影響《えいきょう》をコストに入《い》れれば、本来有《ほんらいあ》りえないことだ。目《め》の前《まえ》の安《やす》いものを買《か》うか、将来《しょうらい》のことを考《かんが》え、少《すこ》し出費《しゅっぴ》が増《ふ》えたとしても、地元《じもと》の食材《しょくざい》を買《か》うかである。答《こた》えは明《あき》らかで、今出費《いましゅっぴ》が少《すこ》し増《ふ》えたとしても、二酸化炭素《にさんかたんそ》の排出抑制《はいしゅつよくせい》ができたら、長《なが》い目《め》で見《み》たら安《やす》かったといえるのだ。

出来《でき》る限《かぎ》り、二酸化炭素《にさんかたんそ》の排出《はいしゅつ》を軽減《けいげん》しようという基準《きじゅん》で生活《せいかつ》をし、買《か》い物《もの》をすることが、地球《ちきゅう》の生態系《せいたいけい》を守《まも》り、未来《みらい》の人類《じんるい》の命《いのち》を救《すく》うことになる。

自分《じぶん》を褒《ほ》める

年《とし》の瀬《せ》というのは、忙《いそが》しい。一年《ねん》の締《し》めくくりとして、様々《さまざま》なことをやり終《お》えたいと思《おも》うからだ。私《わたし》の場合《ばあい》、十二月《がつ》の半《なか》ばに年最後《ねんさいご》の生長《せいちょう》の家講習会《いえこうしゅうかい》*1があり、そのあと〝森《もり》の中《なか》のオフィス〟*2の交友会《こうゆうかい》があった。これは希望者《きぼうしゃ》を募《つの》っての、職員《しょくいん》の親睦《しんぼく》のための集《あつ》まりで、手作《てづく》りプレゼントの交換会《こうかんかい》である。約《やく》七十人前後《にんぜんご》の人《ひと》が参《さん》加《か》した。私《わたし》は手作《てづく》りプレゼントとして、〝森《もり》の中《なか》のオフィス〟のロゴからヒントを得《え》て刺繍《ししゅう》の壁飾《かべかざ》りを作《つく》った。*3このプレゼント作《づく》りにかなりの時間《じかん》がかかった。

そのあとには、長男《ちょうなん》、夫《おっと》、次男《じなん》の誕生日《たんじょうび》が年末《ねんまつ》に向《む》けて続《つづ》く。そしていよいよ年《とし》越《こ》しの準備《じゅんび》、お節料理作《せちりょうりづく》りなどをする。それぞれに計画《けいかく》を立《た》て、心《こころ》づもりをしなく

＊1　谷口雅宣・生長の家総裁、谷口純子・生長の家白鳩会総裁の講話を直接聴くことができる講習会。全国59会場で2年に一度開催されている。

ては、スムーズに進《すす》まない。

夫《おっと》の誕生日《たんじょうび》には、孫《まご》も含《ふく》めて家族全員《かぞくぜんいん》が集《あつ》まった。夫《おっと》の誕生日《たんじょうび》はクリスマスイブの二十四日《か》である。幼《おさな》い孫《まご》たちのために、夫《おっと》は自宅《じたく》の敷地《しきち》に混《こ》み合《あ》って生《は》えていた一位《いちい》の木《き》を一本《ぽん》切《き》ってクリスマスツリーに仕立《した》て、飾《かざ》りを施《ほどこ》した。私《わたし》は泊《とま》りがけで来《く》る子供《こども》たち家族《かぞく》の寝具《しんぐ》などを整《ととの》え、料理《りょうり》をした。その準備《じゅんび》のため沢山《たくさん》メモ書《が》きをし、献立《こんだて》や手順《てじゅん》を考《かんが》えた。足《た》りないものがあっても、わが家《や》は森《もり》の中《なか》であるからすぐ手《て》に入《はい》らない。そんなことも考慮《こうりょ》して、周到《しゅうとう》に用意《ようい》をしたつもりである。

当日《とうじつ》は、子供《こども》たちが到着《とうちゃく》するころには、準備《じゅんび》も万端整《ばんたんとと の》い、楽《たの》しくにぎやかに夫《おっと》の誕生日《たんじょうび》を祝《いわ》うことができた。食事《しょくじ》の後《あと》には、子供《こども》たちがそれぞれ考《かんが》えた誕生日《たんじょうび》プレゼントが夫《おっと》に贈《おく》られた。その時《とき》になって、私《わたし》は茫然《ぼうぜん》としたのである。夫《おっと》への誕生日《たんじょうび》プレゼントを全《まった》く忘《わす》れていたのだ。

準備《じゅんび》に忙殺《ぼうさつ》されていたからだが、夫《おっと》には申《もう》し訳《わけ》ないと思《おも》った。ショックを受《う》けている私《わたし》に、子供《こども》たちは「今日《きょう》のお料理《りょうり》がプレゼントだね」などと言《い》い、当《とう》の夫《おっと》は

＊2　山梨県北杜市にある生長の家国際本部“森の中のオフィス”のこと。
＊3　255ページ参照。

「全然気《ぜんぜんき》にしなくていいよ」と言《い》ってくれた。みんなに慰《なぐさ》められた私《わたし》であるが、全体《ぜんたい》に思《おも》いが至《いた》らなかったことが気《き》になった。一《ひと》つには、夫《おっと》との間《あいだ》で、すぐに物《もの》を買《か》うのではなく、なるべく手作《てづく》りのものをプレゼントしようという暗黙《あんもく》の了解《りょうかい》がある。そのため、「何《なに》かを」と考《かんが》えているうちにいろいろな準備《じゅんび》の忙《いそが》しさに紛《まぎ》れて、どこかに追《お》いやられてしまったのではないかと思《おも》う。買《か》うことが基本《きほん》にあれば、難《むずか》しいことではないから、すぐに買《か》っていたと思《おも》う。

夫《おっと》の誕生日《たんじょうび》の集《あつ》まりを終《お》えて、一息《ひといき》ついたとき、私《わたし》は考《かんが》えた。プレゼントを大《おお》げさに考《かんが》えて結局《けっきょく》できなかったのである。夫《おっと》は私《わたし》に英語《えいご》の野菜料理《やさいりょうり》の本《ほん》を贈《おく》ってくれた。そんな気軽《きがる》なものでも、自分《じぶん》のことを考《かんが》えて選《えら》んでくれたことがうれしい。贈《おく》り物《もの》は結局《けっきょく》モノではなく、それを通《つう》じて心《こころ》を贈《おく》るのだから、相手《あいて》のことを考《かんが》えていれば、上等《じょうとう》なものである必要《ひつよう》はないのだった。これからはもっと気楽《きらく》に考《かんが》えようと思《おも》った。そして同《おな》じ失敗《しっぱい》をしないようにとも心《こころ》に誓《ちか》った。

それと共《とも》にこんな考《かんが》えも浮《う》かんできた。「あの忙《いそが》しさの中《なか》で、誕生会《たんじょうかい》の準備《じゅんび》をするだけで手《て》いっぱいだった。一生懸命《いっしょうけんめい》やりましたよ、大丈夫《だいじょうぶ》」という自己肯定《じここうてい》の思《おも》いだ。夫《おっと》も喜《よろこ》んでくれ、楽《たの》しい時間《じかん》を過《す》ごせたのだから、何《なに》も嘆《なげ》くことはないという、楽観的《らっかんてき》な思《おも》いが心《こころ》の中《なか》に広《ひろ》がっていった。不足《ふそく》の部分《ぶぶん》のある自分《じぶん》を、許《ゆる》したのである。「ああ、そうだった。日時計主義《ひどけいしゅぎ》というのは、自分自身《じぶんじしん》にも当《あ》てはめて考《かんが》えることなのだ」と、改《あらた》めて思《おも》った。

自分《じぶん》を客観的《きゃっかんてき》に評価《ひょうか》するのは、難《むずか》しい。人《ひと》は皆《みな》理想《りそう》を持《も》っているから、自分《じぶん》の基準《きじゅん》に合《あ》わせて現実《げんじつ》の自分《じぶん》を無意識《むいしき》のうちに評価《ひょうか》している。そして不足《ふそく》の部分《ぶぶん》に不《ふ》満《まん》を持《も》つのだ。私自身《わたしじしん》もそうである。自分《じぶん》でこうありたい、このようにしたいというものがあり、理想通《りそうどお》りにはいかないから、不足《ふそく》の部分《ぶぶん》に目《め》が行《い》く。けれども冷静《れいせい》に見《み》てみると、理想《りそう》に近《ちか》づけようと努力《どりょく》している自分《じぶん》がいる。そして、一部《いちぶ》は満足《まんぞく》のいく部分《ぶぶん》もある。そのことに心《こころ》を向《む》けて、自己肯定感《じここうていかん》につなげることが大切《たいせつ》なのだ。

あまり努力《どりょく》もせず、いい加減《かげん》な自分《じぶん》で、「これでよい、よくできた」などと思《おも》っていると、人《ひと》からは増上慢《ぞうじょうまん》のそしりを受《う》けるかもしれない。この兼《か》ね合《あ》いが難《むずか》しいが、人間《にんげん》の本性《ほんせい》への信頼《しんらい》があると、現実《げんじつ》の不完全《ふかんぜん》を冷静《れいせい》に見《み》つめ、こうありたい、こうしようということに前向《まえむ》きに努力《どりょく》できるのではないかと思《おも》う。

「日時計主義《ひどけいしゅぎ》」というのを生長《せいちょう》の家《いえ》ではお勧《すす》めしているが、それは自分《じぶん》の周《まわ》りの物事《ものごと》の良《よ》い面《めん》、明《あか》るい面《めん》、感動《かんどう》したこと、社会《しゃかい》の明《あか》るい出来事《できごと》のみを、心《こころ》に強《つよ》く印象付《いんしょうづ》ける生《い》き方《かた》である。それを自分自身《じぶんじしん》にも当《あ》てはめるのである。人《ひと》によっては、そんなことをしたら、いい加減《かげん》な自分《じぶん》で自己満足《じこまんぞく》して、進歩《しんぽ》や成長《せいちょう》の妨《さまた》げになると考《かんが》える人《ひと》がいるかもしれない。けれども現実《げんじつ》には、謙虚《けんきょ》に自分《じぶん》を見《み》つめ、自分《じぶん》の良《よ》さを認《みと》めると共《とも》に、足《た》りない部分《ぶぶん》の改善《かいぜん》に努力《どりょく》をすることは、それほど簡単《かんたん》ではない。自己《じこ》の本性《ほんせい》に対《たい》する絶対的《ぜったいてき》な信頼《しんらい》がなければ、できないことだ。

ありのままの自分《じぶん》で背伸《せの》びせず、のびのびと努力《どりょく》を重《かさ》ねていけたらと思《おも》う。自分《じぶん》の心《こころ》で認《みと》めたもの、努力《どりょく》を重《かさ》ねたものだけが、私《わたし》たちの人生《じんせい》に反映《はんえい》されてくるのだから。

第2章

何《ど》処《こ》を向《む》くのか？

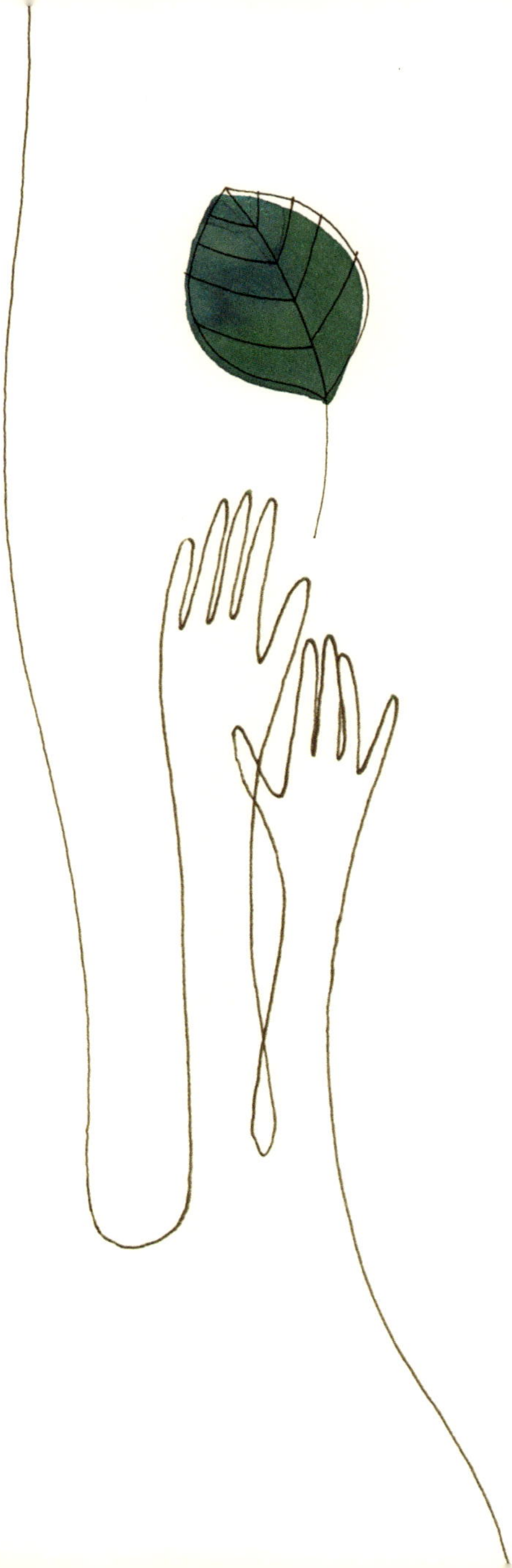

共《とも》に育《そだ》てる

私《わたし》が子育《こそだ》てに懸命《けんめい》だったのは、もう三十年以上《ねんいじょう》も前《まえ》のことである。そのため自《じ》分《ぶん》の子育《こそだ》て時代《じだい》の記憶《きおく》は、あやふやで不確《ふたし》かなものになっていた。そんな私《わたし》は二〇一四年《ねん》の年末《ねんまつ》からお正月《しょうがつ》にかけて、あと一カ月少《げつすこ》しで一歳《さい》になる孫《まご》の相手《あいて》をして遊《あそ》んだ。すると自分《じぶん》の子育《こそだ》て時代《じだい》の記憶《きおく》が蘇《よみがえ》ってくると共《とも》に、子供《こども》の成長《せいちょう》しようとする天来《てんらい》のちからに改《あらた》めて感動《かんどう》した。

伝《つた》い歩《ある》きを始《はじ》めた孫《まご》は、自分《じぶん》の周《まわ》りにあるものすべてに興味《きょうみ》を覚《おぼ》え、手《て》で触《さわ》り、口《くち》に入《い》れて感《かん》じ、何《なに》かを学《まな》ぼうとする。過去《かこ》のわずらいや、未来《みらい》の不安《ふあん》などがないから、今目《いまめ》の前《まえ》にあるものに集中《しゅうちゅう》し、新《あら》たな発見《はっけん》や得《え》られたものがあると、満面《まんめん》の笑《え》みを見《み》せる。

今《いま》の一瞬《いっしゅん》を全力投球《ぜんりょくとうきゅう》で、脇目《わきめ》も振《ふ》らず集中《しゅうちゅう》して取《と》り組《く》んでいる姿《すがた》は、羨《うらや》ましいかぎりだ。そして常《つね》に周囲《しゅうい》の人《ひと》に笑顔《えがお》を振《ふ》りまくのだ。私《わたし》は何度《なんど》も孫《まご》を見習《みなら》いたいと思《おも》った。

科学者《かがくしゃ》の知見《ちけん》によれば、赤《あか》ちゃんの脳《のう》は、生後《せいご》三年《ねん》くらいまでの間《あいだ》に、大変《たいへん》な進《しん》歩《ぽ》をするとのことだ。とりわけ生後《せいご》一年《ねん》くらいまでは、大人《おとな》の十倍《ばい》くらいの速度《そくど》で様々《さまざま》なことを学《まな》ぶと言《い》われている。だからその時期《じき》に親《おや》がどのように子供《こども》と関《かか》わるかは、大変重要《たいへんじゅうよう》である。

現代《げんだい》は結婚年齢《けっこんねんれい》が高《たか》くなり、高齢《こうれい》で出産《しゅっさん》し、一人《ひとり》の子供《こども》の教育《きょういく》に大変熱心《たいへんねっしん》な母親《ははおや》も多《おお》いと聞《き》く。幼児《ようじ》教育《きょういく》に熱《ねつ》が入《はい》るのは、乳幼児《にゅうようじ》の脳《のう》の発達《はったつ》の研究《けんきゅう》が進《すす》んだこととも、大《おお》いに関係《かんけい》している。

私《わたし》は五人《にん》姉妹《しまい》で育《そだ》った。現代《げんだい》の合計特殊出生率《ごうけいとくしゅしゅっしょうりつ》（一人《ひとり》の女性《じょせい》が一生《いっしょう》の間《あいだ》に生《う》む子《こ》どもの数《かず》の平均《へいきん》）一・四三人《にん》に比《くら》べると随分多《ずいぶんおお》いが、私《わたし》の育《そだ》った時代《じだい》でも五人《にん》というのはあまりなかった。更《さら》にもう一代遡《だいさかのぼ》ると、私《わたし》の母《はは》は九人《にん》きょうだいだった。かつての社会《しゃかい》では、子供《こども》の死亡率《しぼうりつ》が現代《げんだい》に比《くら》べると大変高《たいへんたか》かったので、子沢山《こだくさん》の家庭《かてい》も多《おお》かった。大家族《だいかぞく》で使用人《しようにん》のいる家《いえ》もあり、母親《ははおや》が一人《ひとり》で子育《こそだ》てをするということがあまりなかったのも、多《おお》くの子供《こども》が育《そだ》つことを可能《かのう》にしたのだろう。子供《こども》を取《と》り巻《ま》く環境《かんきょう》は、様々《さまざま》な面《めん》で時代《じだい》の変化《へんか》を現《あらわ》している。

乳幼児《にゅうようじ》は母親《ははおや》だけでなく、複数《ふくすう》の大人《おとな》と接《せっ》することのできる環境《かんきょう》が能力《のうりょく》の発達《はったつ》に有効《ゆうこう》だといわれている。けれども核家族化《かくかぞくか》の進《すす》んだ現代《げんだい》では、現実的《げんじつてき》に複数《ふくすう》の大人《おとな》と日常的《にちじょうてき》に関《かか》わることは無理《むり》な場合《ばあい》も多《おお》い。そこで父親《ちちおや》の役割《やくわり》はとても大切《たいせつ》だ。

私《わたし》の夫《おっと》は、子育《こそだ》てに大変協力的《たいへんきょうりょくてき》だった。朝《あさ》と夜《よる》の食事《しょくじ》はできる限《かぎ》り子供《こども》と一緒《いっしょ》にし、子供《こども》が寝《ね》る時《とき》には本《ほん》の読《よ》み聞《き》かせをするのが日課《にっか》だった。仕事《しごと》が休《やす》みの日《ひ》には、一緒《いっしょ》に絵《え》を描《か》いたり、粘土《ねんど》で動物《どうぶつ》や子供《こども》の好《す》きなキャラクターを作《つく》ったりした。公園《こうえん》にもよく連《つ》れて行《い》き、子供《こども》との関《かか》わりに熱心《ねっしん》だった。それは自分《じぶん》の役割《やくわり》だから

というのではなく、子供《こども》と接《せっ》すること、遊《あそ》ぶことが好《す》きで楽《たの》しかったからだと思《おも》う。昼間《ひるま》は三人《にん》の子供《こども》を相手《あいて》に精力《せいりょく》を使《つか》い果《は》たしていた母親《ははおや》の私《わたし》にとって、このような夫《おっと》の子供《こども》との関《かか》わりはとてもありがたいものだった。

現代《げんだい》の若《わか》い世代《せだい》の父親《ちちおや》は、私《わたし》たちの頃《ころ》より更《さら》に子育《こそだ》てへの参加《さんか》に積極的《せっきょくてき》な人《ひと》が多《おお》い。自治体《じちたい》の中《なか》には、出産前《しゅっさんまえ》の両親《りょうしん》を対象《たいしょう》に子育《こそだ》てについて講座《こうざ》を開《ひら》き、父親《ちちおや》の育児参加《いくじさんか》を促《うなが》すところもあり、社会的《しゃかいてき》な啓蒙活動《けいもうかつどう》も影響《えいきょう》しているのだろう。加《くわ》えて男女平等思想《だんじょびょうどうしそう》の普及《ふきゅう》も大《おお》きい。子供《こども》のおむつを替《か》えたり、ミルクを飲《の》ませ離乳食《りにゅうしょく》を食《た》べさせることを当《あ》たり前《まえ》としている。婦人雑誌《ふじんざっし》でも、父親《ちちおや》の育児参加《いくじさんか》は重要《じゅうよう》なテーマとして、常《つね》に取《と》り上《あ》げられる。

男性《だんせい》と女性《じょせい》の役割分担《やくわりぶんたん》がきっちりしていた社会《しゃかい》では、男性《だんせい》は仕事《しごと》、女性《じょせい》は子育《こそだ》てを始《はじ》めとした家庭内《かていない》の仕事《しごと》という明《あき》らかな分業《ぶんぎょう》があった。それは分《わ》かりやすくはあるが、男性《だんせい》と女性《じょせい》をある型《かた》にはめてしまう。

子供《こども》を産《う》むという女性《じょせい》の特性《とくせい》は、育児《いくじ》や家事《かじ》のような細《こま》やかな配慮《はいりょ》のいる仕事《しごと》に向《む》いている部分《ぶぶん》は確《たし》かにある。けれどもあるカップルに焦点《しょうてん》を当《あ》てると、必《かなら》ずしも一律《いちりつ》に女性《じょせい》は家事《かじ》、男性《だんせい》は外《そと》に出《で》て仕事《しごと》とはいえないし、現実《げんじつ》に夫婦共《ふうふとも》に働《はたら》いている場合《ばあい》も多《おお》い。それぞれのカップルが、お互《たが》いの得意《とくい》な分野《ぶんや》で能力《のうりょく》を発揮《はっき》し、協力《きょうりょく》しながら家庭《かてい》を築《きず》き、子育《こそだ》てをしていくことが自然《しぜん》である。さらに命《いのち》を生《う》み出《だ》す性《せい》である女性《じょせい》は、「命《いのち》に敏感《びんかん》」すなわち命《いのち》を大切《たいせつ》に守《まも》り育《そだ》てたいという思《おも》いが強《つよ》いのだ。このことは大変重要《たいへんじゅうよう》で、その特性《とくせい》が社会《しゃかい》の在《あ》り方《かた》にあまり反映《はんえい》されてこなかったのではないかと思《おも》う。

一般的《いっぱんてき》に、男性《だんせい》は論理的《ろんりてき》で、物事《ものごと》の白黒《しろくろ》をはっきりさせる。一方女性《いっぽうじょせい》は情緒的《じょうちょてき》であり、融和《ゆうわ》を求《もと》める傾向《けいこう》にある。これに個人差《こじんさ》は大《おお》いにあるが、どちらか一方《いっぽう》だけでは不完全《ふかんぜん》だから、結婚《けっこん》という形《かたち》でお互《たが》いの長所《ちょうしょ》を伸《の》ばし、短所《たんしょ》を補《おぎな》いあうのだ。それが社会《しゃかい》の仕組《しく》みなどを作《つく》る場《ば》になると、極端《きょくたん》に男性《だんせい》だけで物事《ものごと》が決《き》まってしまうことも多《おお》い。これでは健全《けんぜん》な社会《しゃかい》の成立《せいりつ》は難《むずか》しい。

女性《じょせい》が今《いま》よりもさらに社会《しゃかい》の様々《さまざま》な分野《ぶんや》で、責任《せきにん》ある発言《はつげん》の機会《きかい》を得《え》て、意思決《いしけっ》定《てい》の場《ば》に多《おお》くいることは、私《わたし》たちの住《す》む世界《せかい》をより平和《へいわ》にすると私《わたし》は思《おも》っている。だから女性《じょせい》の社会参加《しゃかいさんか》を大《おお》いに歓迎《かんげい》したい。そのためには男性《だんせい》が育児《いくじ》を母親《ははおや》だけに任《まか》せるのではなく、積極的《せっきょくてき》に関《かか》わることが求《もと》められる。

女性《じょせい》が心置《こころお》きなく仕事《しごと》と家庭《かてい》を両立《りょうりつ》できるような社会《しゃかい》の整備《せいび》は、残念《ざんねん》ながら整《ととの》っていないのが現実《げんじつ》だ。男性《だんせい》の家事《かじ》・育児参加《いくじさんか》は、子《こ》どもの健全《けんぜん》な発達《はったつ》に良《よ》い影響《えいきょう》を与《あた》えるだけでなく、平和《へいわ》な社会実現《しゃかいじつげん》のためにも欠《か》くことのできないものである。

子《こ》どもの夢《ゆめ》

「ケーキ屋《や》さんになりたい」
「歌手《かしゅ》になりたい」
「漫画家《まんがか》になりたい」

夕食後《ゆうしょくご》に翌日《よくじつ》の天気《てんき》を確認《かくにん》することも兼《か》ねて、六時半過《じはんす》ぎから山梨《やまなし》のニュース情報番組《じょうほうばんぐみ》を見《み》ることが多《おお》い。そこでは毎日《まいにち》、子《こ》どもの絵《え》を取《と》り上《あ》げるコーナーがある。幼稚園児《ようちえんじ》や小学校低学年《しょうがっこうていがくねん》の作品《さくひん》が多《おお》いが、時《とき》には中学生《ちゅうがくせい》のものもある。制作者《せいさくしゃ》の名前《なまえ》とともに、将来《しょうらい》の夢《ゆめ》も明《あ》かされる。絵《え》が上手《じょうず》で選《えら》ばれた子《こ》どもたちなので、画家《がか》や漫画家《まんがか》というのも多《おお》い。社会一般《しゃかいいっぱん》では、男《おとこ》の子《こ》はサッカー選手《せんしゅ》、女《おんな》の子《こ》はケーキ屋《や》さん、あるいはパティシエというのが上位《じょうい》を占《し》めるそうだ。

子《こ》どもの希望《きぼう》する職種《しょくしゅ》は、世相《せそう》を反映《はんえい》しているから、時代《じだい》と共《とも》に大《おお》きく変《か》わる。テレビや映画《えいが》、漫画《まんが》などの影響《えいきょう》も大《おお》きい。子《こ》どもの時《とき》の夢《ゆめ》をそのまま持《も》ち続《つづ》け、実現《じつげん》したというのはそんなに多《おお》くないと思《おも》う。学校《がっこう》で学《まな》び、様々《さまざま》な経験《けいけん》を経《へ》て、将来《しょうらい》の夢《ゆめ》や希望《きぼう》が変《か》わったり、新《あら》たな考《かんが》えが生《う》まれてくることもあるだろう。

その過程《かてい》で大切《たいせつ》な事《こと》は、親《おや》が自分《じぶん》の価値観《かちかん》を子《こ》どもに押《お》し付《つ》けないことだ。子《こ》どもを親《おや》の所有物《しょゆうぶつ》だとか、自分《じぶん》の理想通《りそうどお》りに育《そだ》てようと考《かんが》える人《ひと》もいるが、人《ひと》にはそれぞれ、その人独特《ひとどくとく》の個性《こせい》があり、個性《こせい》が生《い》かされるのに相応《ふさわ》しい場《ば》がある。

私《わたし》は子《こ》どもの頃《ころ》、両親《りょうしん》から何《なに》かを押《お》し付《つ》けられたり、勉強《べんきょう》しなさいと言《い》われたことがなかった。その代《かわ》り家《いえ》の手伝《てつだ》いの日課《にっか》はあった。五人姉妹《にんしまい》の長女《ちょうじょ》で、上《うえ》三人《にん》は歳《とし》が近《ちか》かった。妹二人《いもうとふたり》とともに、廊下《ろうか》や階段《かいだん》の拭《ふ》き掃除《そうじ》をすることが決《き》められていた。今思《いまおも》えばほんの少《すこ》しの場所《ばしょ》で、どうという事《こと》のない手伝《てつだ》いであったが、小学生《しょうがくせい》の私《わたし》には負担《ふたん》だった。そんなことをしている同級生《どうきゅうせい》はいないのではないかと思《おも》い、言《い》いつけた父《ちち》を厳《きび》しいと感《かん》じていた。

子《こ》どもだからとただ甘《あま》やかすのではなく、家族《かぞく》として家《いえ》の手伝《てつだ》いをすることの大《たい》切《せつ》さを父《ちち》は教《おし》えたかったのだと思《おも》う。反面《はんめん》、学校《がっこう》が終《お》わるといつも近所《きんじょ》の子《こ》どもたちと暗《くら》くなるまで遊《あそ》んでいて、手伝《てつだ》い以外《いがい》は束縛《そくばく》されることがなかった。

そんな環境《かんきょう》で育《そだ》った私《わたし》は、何事《なにごと》にも躊躇《ちゅうちょ》することがなかった。その原因《げんいん》を考《かんが》えると、幼《おさな》いころから生長《せいちょう》の家《いえ》の「人間《にんげん》・神《かみ》の子《こ》、無限力《むげんりょく》」の教《おし》えに触《ふ》れ、自分《じぶん》の能《のう》力《りょく》に制限《せいげん》をつけなかったからだと思《おも》う。加《くわ》えて両親《りょうしん》の影響《えいきょう》も大《おお》きい。母《はは》は生長《せいちょう》の家《いえ》の信仰者《しんこうしゃ》だったから、私《わたし》の考《かんが》えや希望《きぼう》を尊重《そんちょう》してくれた。父《ちち》は根《ね》っからのポジティブな考《かんが》えの持《も》ち主《ぬし》で、自分《じぶん》に不可能《ふかのう》はないといつも思《おも》っているような人《ひと》だ。そんな二人《ふたり》の間《あいだ》に育《そだ》ったから、私《わたし》は物怖《ものお》じすることなく、何事《なにごと》にも向《む》かうことができた。これは、大体《だいたい》において良《よ》い結果《けっか》をもたらしたが、場合《ばあい》によっては自分《じぶん》の足元《あしもと》を見《み》ず、無謀《むぼう》と思《おも》われる行動《こうどう》に出《で》る危険性《きけんせい》もあると自戒《じかい》している。

親《おや》が最初《さいしょ》から「あなたには無理《むり》」とか「やめた方《ほう》がいいんじゃない」などという

のは、子《こ》どもの可能性《かのうせい》を奪《うば》い、希望《きぼう》を失《うしな》わせる。親《おや》が子《こ》どもに対《たい》して、あらかじめこうであればよいと自分《じぶん》の理想《りそう》を持《も》ち過《す》ぎていると、無意識《むいしき》の内《うち》に、子《こ》どもの考《かんが》えを否定《ひてい》し、その上《うえ》で自分《じぶん》の考《かんが》えを押《お》し付《つ》けていることもある。

このような時《とき》、子《こ》どもは反発《はんぱつ》を覚《おぼ》え、親《おや》に反抗《はんこう》したり、前向《まえむ》きに歩《あゆ》む意欲《いよく》を失《うしな》うこともある。現代《げんだい》は子《こ》どもの不登校《ふとうこう》や引《ひ》きこもりに悩《なや》んでいる人《ひと》が多《おお》い。この原因《げんいん》の一《ひと》つに、親《おや》の執着心《しゅうちゃくしん》がある。かつては、子《こ》どもの数《かず》も多《おお》く、母親《ははおや》は忙《いそが》しかったので、子《こ》どものことにいちいち関《かか》われなかった。子《こ》どもは自由《じゆう》に遊《あそ》び、伸《の》び伸《の》びと成長《せいちょう》し、また家庭《かてい》では家《いえ》の手伝《てつだ》いなど自分《じぶん》の役割《やくわり》もあった。

少子化《しょうしか》の中《なか》で、親《おや》の目《め》が行《ゆ》き届《とど》き、過干渉《かかんしょう》になっている場合《ばあい》もある。親《おや》が子《こ》どもをどう見《み》るかが、子《こ》どもの将来《しょうらい》に大《おお》きく影響《えいきょう》する。人間《にんげん》は色々《いろいろ》な執着《しゅうちゃく》を持《も》っているが、特《とく》に母親《ははおや》の子《こ》どもに対《たい》する執着《しゅうちゃく》は、強《つよ》いことが多《おお》い。執着心《しゅうちゃくしん》というのは、なかなか捨《す》てがたく、捨《す》てると自分《じぶん》の存在意味《そんざいいみ》がないように思《おも》い、人生《じんせい》の目的《もくてき》が無《な》くなるように思《おも》う。それは子《こ》どものためというのが、自分《じぶん》の願《ねが》いや虚栄心《きょえいしん》と結《むす》びついているからだ。そうした執着心《しゅうちゃくしん》があると、親自身《おやじしん》が自分《じぶん》の人生《じんせい》を縛《しば》り、自由《じゆう》に生《い》きられないのである。

子《こ》どもにどんな天分《てんぶん》があるかは、親《おや》にはわからないことも多《おお》い。わかると思《おも》うことが親《おや》のエゴであり、傲慢《ごうまん》な考《かんが》え方《かた》でもある。子《こ》どもにはその子《こ》に相応《ふさわ》しい道《みち》があり、天分《てんぶん》が発揮《はっき》できるようにと祈《いの》ることが、親《おや》の仕事《しごと》であると私《わたし》は思《おも》っている。自《じ》分《ぶん》の理想《りそう》を押《お》し付《つ》けることではないのだ。

私《わたし》が小学校《しょうがっこう》五年生《ねんせい》の時《とき》、一番下《いちばんした》の妹《いもうと》が生《う》まれ、母《はは》は産院《さんいん》にいた。食事《しょくじ》を作《つく》ってくれる手伝《てつだ》いの人《ひと》はいたが、私《わたし》も何《なに》か作《つく》ろうと、ほうれん草《そう》の胡麻和《ごまあ》えを作《つく》った。それを父《ちち》が「とても美味《おい》しい」と褒《ほ》めてくれた。お料理《りょうり》をすることは楽《たの》しいことだと、その時思《ときおも》った。どんな小《ちい》さなことでも、子《こ》どもは褒《ほ》められたことをよく覚《おぼ》えている。

子《こ》どもには人《ひと》と比《くら》べられない独特《どくとく》の個性《こせい》があり、少《すこ》しでも良《よ》い所《ところ》があればそれを認《みと》め、褒《ほ》めたたえるところから、子《こ》どもは自分《じぶん》の可能性《かのうせい》を開《ひら》かせることができる。

親《おや》が子《こ》どもにできることは、子《こ》どもの立場《たちば》に立《た》って考《かんが》え、愛念《あいねん》を送《おく》ることだ。その上《うえ》で、褒《ほ》めて認《みと》めることが子《こ》どもの天分《てんぶん》を引《ひ》き出《だ》す根本《こんぽん》である。

影響《えいきょう》しあうふたり

「あの人《ひと》たちは似《に》た者夫婦《ものふうふ》ね」と言《い》うようなことがある。その一方《いっぽう》で、性格《せいかく》の不一致《ふいっち》から離婚《りこん》する夫婦《ふうふ》もいる。果《は》たしてどちらが夫婦《ふうふ》の関係《かんけい》をよく現《あら》わしているだろうか。

夫婦《ふうふ》というお互《たが》いの人生《じんせい》に大《おお》きな影響《えいきょう》を及《およ》ぼす親密《しんみつ》な関係《かんけい》で結《むす》ばれた二人《ふたり》というのは、ただの偶然《ぐうぜん》とか、たまたま知《し》り合《あ》ったからというような理由《りゆう》で結婚《けっこん》に至《いた》ることはない。結婚《けっこん》するときには生涯《しょうがい》を共《とも》にする人《ひと》として、よく考《かんが》え、決断《けつだん》したに違《ちが》いない。中《なか》には、様々《さまざま》な障害《しょうがい》を乗《の》り越《こ》えることもある。清水《きよみず》の舞台《ぶたい》から飛《と》び降《お》りるような思《おも》いの人《ひと》もいるだろう。自分《じぶん》のそれまでの計画《けいかく》や、将来《しょうらい》の夢《ゆめ》を断《た》ち切《き》る場合《ばあい》もある。
結婚《けっこん》とはそれほどに私《わたし》たちの人生《じんせい》に大《おお》きく影響《えいきょう》を及《およ》ぼすものなのだ。私《わたし》は自分《じぶん》のことを考《かんが》えると、結婚《けっこん》したことによって、ずいぶん世界《せかい》が広《ひろ》がったと思《おも》う。その一《ひと》つは世界《せかい》を見《み》る目《め》である。若《わか》いころの私《わたし》は、航空会社《こうくうがいしゃ》に勤《つと》めていたこともあり、世《せ》界中《かいじゅう》の様々《さまざま》な国《くに》を訪《おとず》れたが、興味《きょうみ》の対象《たいしょう》はヨーロッパの国々《くにぐに》だった。古《ふる》い歴史《れきし》を持《も》ち、人々《ひとびと》の暮《く》らしに余裕《よゆう》と安定《あんてい》があるように思《おも》われたからだ。

そんなころ私《わたし》が付《つ》き合《あ》い始《はじ》めた男性《だんせい》(現在《げんざい》の夫《おっと》)は、アメリカに留学《りゅうがく》した。その間《あいだ》、手紙《てがみ》で色々《いろいろ》なことを話《はな》し合《あ》った。ある時《とき》、私《わたし》が何《なに》かについて悲観的《ひかんてき》なことを書《か》いた。その内容《ないよう》を今《いま》はもう覚《おぼ》えていないが、彼《かれ》は「アメリカの楽観主義《らっかんしゅぎ》には、学《まな》ぶものがあります」というようなことを手紙《てがみ》に書《か》いてくれた。

アメリカもよく行《い》った国《くに》だが、気軽《きがる》な国《くに》くらいの認識《にんしき》だった。だから「アメリカの楽観主義《らっかんしゅぎ》」という言葉《ことば》は、私《わたし》の知《し》らないアメリカの側面《そくめん》で、目《め》を開《ひら》かされたような気《き》がして、そのアメリカを知《し》りたいと思《おも》った。それから私《わたし》は、アメリカについて

影響しあうふたり

書《か》かれた本《ほん》で、人々《ひとびと》の暮《く》らしに関《かん》するものを中心《ちゅうしん》に二、三十冊《さつ》を読《よ》み、アメリカに対《たい》する見方《みかた》は変《か》わった。

　結婚《けっこん》してからも、夫《おっと》を通《つう》じて様々《さまざま》なことで影響《えいきょう》を受《う》け、学《まな》んできた。夫《おっと》の側《がわ》からも同《おな》じことが言《い》えるのではないかと思《おも》う。夫《おっと》と私《わたし》は、性格《せいかく》も興味《きょうみ》の対象《たいしょう》もずいぶん違《ちが》う。けれども価値観《かちかん》の共有《きょうゆう》がある。だからこそお互《たが》いに学《まな》びあえ、刺激《しげき》しあえるのだろう。

　結婚《けっこん》の意義《いぎ》は、人格《じんかく》の完成《かんせい》である。私《わたし》たちはこの人生《じんせい》で様々《さまざま》な経験《けいけん》をし、時《とき》には困難《こんなん》に遭遇《そうぐう》し、その中《なか》から学《まな》び鍛《きた》えられる。その過程《かてい》で最《もっと》も重要《じゅうよう》で大《おお》きな意味《いみ》を持《も》つ一《ひと》つが結婚生活《けっこんせいかつ》で、人生《じんせい》を左右《さゆう》するものだ。だが、結婚《けっこん》と、仕事《しごと》や自分《じぶん》の夢《ゆめ》とを天秤《てんびん》にかけていると、なかなか結婚《けっこん》に踏《ふ》み切《き》れないかもしれない。結婚《けっこん》の重要性《じゅうようせい》に対《たい》する正《ただ》しい認識《にんしき》が必要《ひつよう》だ。

　人《ひと》が一人《ひとり》で生《い》きるというのは寂《さび》しいものだ。親《おや》や兄弟《きょうだい》がいても、結局《けっきょく》は一人《ひとり》である。そんな個人《こじん》が結婚《けっこん》することにより、伴侶《はんりょ》と共《とも》に喜《よろこ》びや悲《かな》しみも含《ふく》めた色々《いろいろ》な経《けい》験《けん》をする。一人《ひとり》では乗《の》り越《こ》えられない問題《もんだい》も、二人《ふたり》で力《ちから》を合《あ》わせればできることがある。そのためには、相互《そうご》の理解《りかい》と信頼《しんらい》が必要《ひつよう》で、それなりの努力《どりょく》が求《もと》められる。夫婦《ふうふ》がお互《たが》いを理解《りかい》せず、いがみ合《あ》っているのでは、二人《ふたり》で暮《く》らすことがかえって不幸《ふこう》という場合《ばあい》もある。

私《わたし》の知人《ちじん》から聞《き》いた話《はなし》であるが、彼女《かのじょ》の息子夫婦《むすこふうふ》は、一カ月《げつ》に一回《かい》か二回《かい》、家族《かぞく》会議《かいぎ》を開《ひら》くそうだ。家族《かぞく》といっても夫婦《ふうふ》の間《あいだ》には乳幼児《にゅうようじ》が一人《ひとり》いるだけだから、夫婦《ふうふ》二人《ふたり》だけの家族会議《かぞくかいぎ》である。会議《かいぎ》の目的《もくてき》は、お互《たが》いをよく理解《りかい》するためという。生《う》まれも育《そだ》ちも違《ちが》う二人《ふたり》が共《とも》に暮《く》らすのが、結婚生活《けっこんせいかつ》だ。価値観《かちかん》や考《かんが》え方《かた》、それまで育《そだ》ってきた家庭《かてい》の習慣《しゅうかん》などには、当然違《とうぜんちが》いがある。それらを理解《りかい》せずに、自分《じぶん》の価値観《かちかん》で相手《あいて》を判断《はんだん》し、勝手《かって》な思《おも》い込《こ》みをすることもある。だから家族会議《かぞくかいぎ》で、不《ふ》満《まん》に思《おも》ったことや理解《りかい》できなかったこと、あるいはうれしかったことなどを率直《そっちょく》に話《はな》し合《あ》うそうだ。記録《きろく》のための議事録《ぎじろく》もつけるというのである。

私《わたし》はこの話《はなし》を聞《き》いて、賢明《けんめい》な若《わか》い夫婦《ふうふ》だと思《おも》った。私《わたし》の夫《おっと》も、結婚当初《けっこんとうしょ》「人《ひと》の気《き》持《も》ちは話《はな》さなければわからない。わかってくれるはずとか、以心伝心《いしんでんしん》などというのは、甘《あま》い無責任《むせきにん》な考《かんが》え方《かた》だ」と、お互《たが》いに話《はな》し合《あ》うことの大切《たいせつ》さをよく言《い》った。

結婚《けっこん》に至《いた》る経緯《けいい》は人《ひと》により様々《さまざま》だ。けれどもいったん結婚《けっこん》したならば、夫婦《ふうふ》という関係《かんけい》は、生活《せいかつ》の便宜《べんぎ》のためでも、経済的理由《けいざいてきりゆう》でもなく、お互《たが》いに人格《じんかく》の向上《こうじょう》のために欠《か》くことのできないものである。その前提《ぜんてい》がはっきり自覚《じかく》されれば、お互《たが》いをよく理解《りかい》しようとするだろう。

私《わたし》たちの周《まわ》りに現《あらわ》れる環境《かんきょう》は、みな自分《じぶん》の心《こころ》と深《ふか》く関係《かんけい》している。私《わたし》たち一人一人《ひとりひとり》の人生《じんせい》は、自分《じぶん》の心《こころ》によってつくられる。だからどんな人《ひと》と結婚《けっこん》するかということも、自分《じぶん》が選《えら》び、自分《じぶん》が決《き》めるのである。結果《けっか》として、自分《じぶん》の心《こころ》にふさわしい人《ひと》と結婚《けっこん》するのだ。そんな結婚生活《けっこんせいかつ》を幸《しあわ》せなものにするためには、相手《あいて》の長所《ちょうしょ》を認《みと》め、相手《あいて》のために何《なに》ができるかを考《かんが》えることである。そして、相手《あいて》の長所《ちょうしょ》を本当《ほんとう》に認《みと》めるためには、まず自分自身《じぶんじしん》を認《みと》めなくてはならない。

夫婦《ふうふ》は合《あ》わせ鏡《かがみ》のようなものである。だからこそ、尊敬《そんけい》と信頼《しんらい》の気持《きも》ちがあれば、お互《たが》いに良《よ》い影響《えいきょう》を与《あた》え合《あ》い、実《みの》りある人生《じんせい》を送《おく》ることができる。それはやがて社《しゃ》会《かい》へもよい影響《えいきょう》を及《およ》ぼすだろう。

何処《どこ》を向《む》くのか？

二〇一六年《ねん》の六月末《がつすえ》、孫娘《まごむすめ》の初宮参《はつみやまい》りに行《い》った。息子夫婦《むすこふうふ》が私《わたし》たちの予定《よてい》に合《あ》わせて、お宮参《みやまい》りの日《ひ》を決《き》めてくれたので、生《う》まれて一カ月《げつ》少《すこ》しの時期《じき》だった。

お参《まい》りでは、出産《しゅっさん》を終《お》えたばかりの母親《ははおや》の体《からだ》を気遣《きづか》う意味《いみ》もあり、祖母《そぼ》に当《あ》たる人《ひと》が、赤《あか》ちゃんを抱《だ》くことになっているらしい。生《う》まれて四十日《にち》に満《み》たない子供《こども》は、本当《ほんとう》に小《ちい》さく軽《かる》い。孫《まご》は比較的《ひかくてき》大《おお》きく生《う》まれたが、それでも四キロくらいで、私《わたし》の腕《うで》の中《なか》にすっぽりと入《はい》り、静《しず》かにしている。

「あなたは何処《どこ》からやって来《き》たのですか？　ようこそ、私《わたし》たちを家族《かぞく》として、生《う》まれて来《き》てくれましたね。いつも、あなたの成長《せいちょう》を楽《たの》しみにし、幸《しあわ》せを祈《いの》っていますよ」

神官《しんかん》が祝詞《のりと》をあげる間《あいだ》、私《わたし》はそんな感慨《かんがい》を持《も》った。一《ひと》つの命《いのち》がこの世《よ》に誕生《たんじょう》するということは、本当《ほんとう》に神秘《しんぴ》に満《み》ちた出来事《できごと》だ。自分《じぶん》の子供《こども》の場合《ばあい》、母親《ははおや》であった私《わたし》は約《やく》十カ月《げつ》、子供《こども》とともに、つわりや体《からだ》の変化《へんか》を経験《けいけん》して、妊娠《にんしん》から出産《しゅっさん》までの体《たい》験《けん》は直《じか》に体《からだ》で感《かん》じられることだった。生《う》まれた後《あと》はひたすら育《そだ》てることに懸命《けんめい》になる。孫《まご》の場合《ばあい》は、そんな自分《じぶん》の経験《けいけん》を回想《かいそう》しつつも、より客観的《きゃっかんてき》なことがらとして見《み》ている私《わたし》がいるのだった。

どの親《おや》も子供《こども》の健《すこ》やかな成長《せいちょう》を願《ねが》うものだ。ところが近年《きんねん》は、子供《こども》の不登校《ふとうこう》や引《ひ》きこもりに悩《なや》む親《おや》が増《ふ》えている。私《わたし》が小学校《しょうがっこう》に入学《にゅうがく》したのは、一九五八年《ねん》で、戦後《せんご》十三年《ねん》経《た》ったころだ。公立《こうりつ》の小学校《しょうがっこう》で、中学校《ちゅうがっこう》へ進学《しんがく》するのも、同《おな》じ顔《かお》ぶれだった。そんな中《なか》、教室内《きょうしつない》で学力《がくりょく》や家庭《かてい》の経済状態《けいざいじょうたい》に差《さ》はあったが、引《ひ》きこもりや不登校《ふとうこう》というのは全《まった》くなかった。それが、現代《げんだい》ではいじめなどとともに、子《こ》どもの問題《もんだい》が深《しん》刻《こく》になってきた。

二〇一六年《ねん》の六月《がつ》三十日付《にちづけ》の朝日新聞《あさひしんぶん》に、「健康学園《けんこうがくえん》」と呼《よ》ばれる東京都中央《とうきょうとちゅうおう》区立《くりつ》の「宇佐美学園《うさみがくえん》」のことが取《と》り上《あ》げられていた。「健康学園《けんこうがくえん》」は健康上《けんこうじょう》の課題《かだい》の克服《こくふく》を目指《めざ》す全寮制教育施設《ぜんりょうせいきょういくしせつ》で、「宇佐美学園《うさみがくえん》」の最初《さいしょ》の設立《せつりつ》は一九三七年《ねん》というから約《やく》八十年《ねん》の歴史《れきし》を持《も》つ。「都会児特有《とかいじとくゆう》の筋骨薄弱児《きんこつはくじゃくじ》が相当《そうとう》にあり、それらの虚弱児童《きょじゃくじどう》を収容《しゅうよう》する養護施設《ようごしせつ》の設置《せっち》が必要視《ひつようし》されるようになった」と中央区《ちゅうおうく》の資料《しりょう》にはある。東京《とうきょう》は戦前《せんぜん》から世界屈指《せかいくっし》の大都市《だいとし》だったから、都市特有《としとくゆう》の問題《もんだい》がすでに八十年前《ねんまえ》からあったということだ。かつて東京都《とうきょうと》では、十七の区《く》が都外《とがい》の自然《しぜん》豊《ゆた》かな場所《ばしょ》に「健康学園《けんこうがくえん》」を設置《せっち》していたそうだが、財政上《ざいせいじょう》の理由《りゆう》などから減《へ》り続《つづ》けている。現在《げんざい》は、中央区《ちゅうおうく》の「宇佐美学園《うさみがくえん》」と、板橋《いたばし》、葛飾《かつしか》、大田《おおた》の四区《く》だけになった。

中央区立《ちゅうおうくりつ》の「宇佐美学園《うさみがくえん》」は、伊豆《いず》・宇佐美《うさみ》の自然豊《しぜんゆた》かな場所《ばしょ》にある。肥満《ひまん》、偏《へん》食《しょく》やアレルギーの解消《かいしょう》、生活習慣《せいかつしゅうかん》の改善《かいぜん》などを目指《めざ》し、区立小学校《くりつしょうがっこう》の三〜六年生《ねんせい》二十一人《にん》が親元《おやもと》を離《はな》れて寮生活《りょうせいかつ》を送《おく》っているという。

入園《にゅうえん》したある男子生徒《だんしせいと》の例《れい》を紹介《しょうかい》している。母親《ははおや》がフリーの編集者《へんしゅうしゃ》で、家庭《かてい》では一人《ひとり》で過《す》ごすことが多《おお》く、寂《さび》しさを紛《まぎ》らわすため過食《かしょく》で肥満《ひまん》になった。例《たと》えば、翌日《よくじつ》のための食《しょく》パンなどを母親《ははおや》が置《お》いておくと、半斤《はんきん》食《た》べてしまうようなことがあり、過食《かしょく》を避《さ》けるため、買《か》い置《お》きをしないようにした。ところがある時《とき》、料理用《りょうりよう》の砂糖《さとう》が減《へ》っていることに気《き》が付《つ》いた。砂糖《さとう》をなめるようになっていたのだ。心《こころ》の不《ふ》安《あん》は相当深刻《そうとうしんこく》だったのだろう。

母親《ははおや》は水泳教室《すいえいきょうしつ》に行《い》かせたりしたが、長続《ながつづ》きせず、そんな時《とき》、宇佐美学園《うさみがくえん》の存《そん》在《ざい》を知《し》った。「自然《しぜん》の中《なか》で規則正《きそくただ》しい生活《せいかつ》を送《おく》る」ところだ。母子《おやこ》で見学《けんがく》に行《い》き、母親《ははおや》が「行《い》く？」と尋《たず》ねると「うん」という返事《へんじ》。四年生《ねんせい》の四月《がつ》から入寮《にゅうりょう》し、一年《ねん》で体重《たいじゅう》は四キロ減《へ》り、身長《しんちょう》は五センチ伸《の》びたそうだ。

宇佐美学園《うさみがくえん》の一日《にち》は規則正《きそくただ》しい。朝《あさ》は六時《じ》十五分《ふん》に起床《きしょう》し、乾布摩擦《かんぷまさつ》、朝《あさ》の運動《うんどう》、朝食《ちょうしょく》、登校《とうこう》、学校《がっこう》から帰《かえ》るとおやつ、片《かた》づけ、自習《じしゅう》・日記書《にっきか》き・読書《どくしょ》、夕食《ゆうしょく》、入《にゅう》浴時《よくじ》には下着《したぎ》と靴下《くつした》を自分《じぶん》で洗《あら》う。その後自由時間《ごじゆうじかん》、八時半消灯《じはんしょうとう》。

ここではテレビゲームも携帯電話《けいたいでんわ》も持《も》ち込《こ》めない。テレビもみんなで相談《そうだん》して、夜《よる》三十分《ぷん》見《み》るだけだ。家族《かぞく》からの電話《でんわ》も基本的《きほんてき》には取《と》り次《つ》ぎがないので、手紙《てがみ》だけが親《おや》との連絡手段《れんらくしゅだん》である。待《ま》つことを学《まな》び、手紙《てがみ》の封《ふう》を開《あ》けるワクワクした気持《きも》ちを味《あじ》わうのだ。ベッドに入《はい》ると、男子《だんし》、女子《じょし》それぞれの部屋《へや》で、職員《しょくいん》が本《ほん》の読《よ》み聞《き》かせをしてくれるという。

食事《しょくじ》は和食中心《わしょくちゅうしん》で、野菜《やさい》も多《おお》く、煮物《にもの》などは初《はじ》めて食《た》べるという子供《こども》もいるそうだ。家庭《かてい》では嫌《きら》いなものがあれば、安易《あんい》にスナック菓子《がし》などを食《た》べることができる。が、ここでは出《だ》された食事《しょくじ》を食《た》べなければお腹《なか》がすくから、好《す》き嫌《きら》いも無《な》くなり、栄養《えいよう》の偏《かたよ》りが解消《かいしょう》される。

宇佐美学園《うさみがくえん》の生活《せいかつ》を見《み》て、我《わ》が家《や》の子育《こそだ》ての頃《ころ》を思《おも》い出《だ》した。子供《こども》の朝《あさ》の起床時《きしょうじ》間《かん》は六時《じ》だった。六時半《じはん》から、神前《しんぜん》で朝《あさ》のお参《まい》りをしてお経《きょう》を読《よ》んだ。七時《じ》からは家族《かぞく》そろって朝食《ちょうしょく》。夕食《ゆうしょく》は六時半《じはん》でそれまでに帰《かえ》ってくるというルールがあった。八時半《じはん》から三十分《ぷん》は瞑想《めいそう》の時間《じかん》。小学生《しょうがくせい》のころは、夫《おっと》がベッドサイドで、本《ほん》の読《よ》み聞《き》かせをしていた。携帯電話《けいたいでんわ》も高校《こうこう》を卒業《そつぎょう》するまで持《も》たせなかった。子供《こども》たちには、かなり厳《きび》しい我《わ》が家《や》のルールだったと思《おも》う。

現代《げんだい》は、親《おや》は仕事《しごと》に忙《いそが》しく、子供《こども》は自然《しぜん》に触《ふ》れることもなく、ゲームやテレビ中《ちゅう》心《しん》の生活《せいかつ》になっている。世界中《せかいじゅう》が物質的《ぶっしつてき》豊《ゆた》かさを求《もと》めて、都市《とし》の方《ほう》を向《む》いている。健康学園《けんこうがくえん》の例《れい》でも示《しめ》されているように、生活《せいかつ》の方向《ほうこう》を変《か》えるとともに、親《おや》も自分《じぶん》の生活《せいかつ》を省《かえり》みる必要《ひつよう》があるのだ。

母《はは》と娘《むすめ》

母《はは》のことを考《かんが》えると、私《わたし》は「ありがたい」という気持《きも》ちになる。私《わたし》は五人姉妹《にんしまい》であるが、母《はは》は私《わたし》たちが幼《おさな》い頃《ころ》、自分《じぶん》のことは顧《かえり》みず子供《こども》のことを第一《だい》に生《い》きていたように思《おも》う。自分《じぶん》の楽《たの》しみやおしゃれをすることなどなかった。五人《にん》の娘《むすめ》を育《そだ》てるのは、それなりに大変《たいへん》な事《こと》だったろう。長女《ちょうじょ》の私《わたし》は自分《じぶん》の希望《きぼう》で大学《だいがく》に進学《しんがく》しなかったが、四人《にん》の妹《いもうと》たちの内《うち》三人《にん》は大学《だいがく》に進《すす》み、一人《ひとり》は専門学校《せんもんがっこう》に行《い》った。決《けっ》して贅沢《ぜいたく》とか裕福《ゆうふく》というわけではなかったが、不自由《ふじゆう》のない子供時代《こどもじだい》を過《す》ごさせてもらった。

十八歳《さい》で上京《じょうきょう》した私《わたし》は、家族《かぞく》と離《はな》れた一人暮《ひとりぐ》らしの中《なか》で、母《はは》を思《おも》うと、しっかり生《い》きなくてはと自然《しぜん》に生活《せいかつ》が正《ただ》された。

母《はは》は子供《こども》に自分《じぶん》の理想《りそう》を押《お》し付《つ》けたり、人《ひと》と比《くら》べたりすることがなかった。子供《こども》の希望《きぼう》を尊重《そんちょう》して、自由《じゆう》にさせてくれた。そんな母《はは》だったから、私《わたし》は中学生《ちゅうがくせい》のころ、母《はは》は子供《こども》の成績《せいせき》に興味《きょうみ》がないのかと思《おも》ったこともある。反面《はんめん》、勉強《べんきょう》のわからないところを聞《き》くと、何《なん》でもよく教《おし》えてくれた。友達《ともだち》の中《なか》には、母親《ははおや》から同級生《どうきゅうせい》と成績《せいせき》などを比較《ひかく》され、良《よ》いとか悪《わる》いとか「がんばりなさい」などいろいろ言《い》われると聞《き》いたことがあった。

母《はは》は人《ひと》と競争《きょうそう》したりすることがなく、おっとりしていた。どちらかと言《い》えば、社《しゃ》交的《こうてき》でなく、お世辞《せじ》やお上手《じょうず》が言《い》えない人《ひと》だ。本《ほん》を読《よ》むことと花《はな》を育《そだ》てることが好《す》きで、料理好《りょうりず》きでもある。

人《ひと》から「五人《にん》の女《おんな》の子《こ》を育《そだ》てるのは大変《たいへん》だったでしょう?」と聞《き》かれると、「花《はな》は手入《てい》れをしなければ育《そだ》ちませんが、子供《こども》は放《ほう》っておいても育《そだ》ちます」などと答《こた》えていたのを思《おも》い出《だ》す。私《わたし》の場合《ばあい》、十八歳《さい》から離《はな》れて暮《く》らしているので、母《はは》を客観視《きゃっかんし》していて、良《よ》い所《ところ》だけが強《つよ》く心《こころ》に刻《きざ》まれているのかもしれない。

世《よ》の中《なか》には、母親《ははおや》との関係《かんけい》が上手《うま》くいかず、悩《なや》んでいる人《ひと》も多《おお》いと聞《き》く。母《はは》と娘《むすめ》の関係《かんけい》で思《おも》い出《だ》すのは、『100万回生《まんかいい》きたねこ』（講談社刊《こうだんしゃかん》）などの著者《ちょしゃ》で作家《さっか》の佐野洋子《さのようこ》さんが書《か》いた『シズコさん』（新潮社刊《しんちょうしゃかん》）という本《ほん》だ。佐野《さの》さんはこの中《なか》で母親《ははおや》である「シズコさん」との関係《かんけい》を吐露《とろ》している。母《はは》に対《たい》して心《こころ》が開《ひら》けず、憎《にく》しみの感情《かんじょう》を持《も》っていた。その原因《げんいん》は、四歳位《さいくらい》のとき佐野《さの》さんが母《はは》と手《て》をつなごうとしたら、母親《ははおや》は「チッ」と舌打《したう》ちをして、手《て》をふりはらったからだそうだ。そのとき、「二度《ど》と手《て》をつながない」と佐野《さの》さんは決意《けつい》した。以来母《いらいはは》を嫌《きら》う気持《きも》ちは五十年以上続《ねんいじょうつづ》く。

母親《ははおや》が七十七歳《さい》の時《とき》、佐野《さの》さんは母《はは》を引《ひ》き取《と》ることになる。その二年後《ねんご》には老人《ろうじん》ホームに入《はい》るのだが、やがて認知症《にんちしょう》が始《はじ》まり、子供《こども》の顔《かお》が分《わ》からなくなる。老人《ろうじん》ホームに見舞《みま》いに行《い》くと、母親《ははおや》の表情《ひょうじょう》が次第《しだい》に変《か》わってきて、顔全体《かおぜんたい》が、まるで赤《あか》ん坊《ぼう》が笑《わら》うようになった。認知症《にんちしょう》が進《すす》み幼子《おさなご》のようになっていくにつれ、佐野《さの》さん

母と娘

の心《こころ》も変化《へんか》する。ある日布団《ひふとん》の中《なか》で一緒《いっしょ》に子守唄《こもりうた》を歌《うた》っている時《とき》、「ごめんね、母《かあ》さん」という言葉《ことば》が佐野《さの》さんの口《くち》から飛《と》び出《だ》す。すると母親《ははおや》のシズコさんも「私《わたし》のほうこそごめんなさい」という。

母《はは》を憎《にく》む氷《こおり》のように冷《つめ》たい心《こころ》が、一瞬《いっしゅん》にして溶《と》けていった。

「母《かあ》さん、呆《ぼ》けてくれて、ありがとう。神様《かみさま》、母《かあ》さんを呆《ぼ》けさせてくれてありがとう」

「私《わたし》はほとんど五十年以上《ねんいじょう》の年月《ねんげつ》、私《わたし》を苦《くる》しめていた自責《じせき》の念《ねん》から解放《かいほう》された。私《わたし》は生《い》きていてよかったと思《おも》った。本当《ほんとう》に生《い》きていてよかった。こんな日《ひ》が来《く》ると思《おも》っていなかった」

本《ほん》の中《なか》で、佐野《さの》さんは書《か》いている。何《なん》とも凄《すさ》まじい母娘《おやこ》の話《はなし》であるが、お母《かあ》さんと和解《わかい》できてどんなにか嬉《うれ》しかったことだろう。

こんな激《はげ》しい母娘関係《おやこかんけい》もあるのかと、私《わたし》は思《おも》った。どんなに仲《なか》が悪《わる》くても、人《ひと》は心《こころ》の底《そこ》で和解《わかい》を望《のぞ》んでいるのだ。人《ひと》を嫌《きら》ったり、憎《にく》んだりすることで、もっとも傷《きず》つくのは、憎《にく》み嫌《きら》うその人自身《ひとじしん》である。愛《あい》しているから、あるいは愛《あい》してほしいから、その思《おも》いが満《み》たされないとき、それは憎《にく》しみに変《か》わる。人《ひと》を憎《にく》むというのも、執着《しゅうちゃく》であるといわれるが、愛憎《あいぞう》は表裏一体《ひょうりいったい》のものであり、それが人生《じんせい》を複雑《ふくざつ》にして、人《ひと》の心《こころ》を悩《なや》ませる。

そもそも自分《じぶん》に関係《かんけい》ない人《ひと》や、興味《きょうみ》のない人《ひと》には、特別《とくべつ》な思《おも》いを持《も》つことはない。親《した》しい人《ひと》、利害関係《りがいかんけい》のある人《ひと》との触《ふ》れ合《あ》いの中《なか》から、問題《もんだい》は生《う》まれてくる。人《ひと》は自分《じぶん》の過去《かこ》の経験《けいけん》から、その人自身《ひとじしん》のものの見方《みかた》、感《かん》じ方《かた》、考《かんが》え方《かた》を持《も》っている。それぞれの人《ひと》が独自《どくじ》の物差《ものさ》しを持《も》っているのだ。自分《じぶん》の尺度《しゃくど》で人《ひと》を量《はか》り、「こういう人《ひと》」と決《き》めつける。他《た》の人《ひと》が見《み》たら、全《まった》く違《ちが》う面《めん》があるかもしれない。シズコさんも、裁縫《さいほう》が得意《とくい》で、料理《りょうり》も上手《うま》く、社交的《しゃこうてき》で沢山《たくさん》の友達《ともだち》がいる。

子供《こども》は親《おや》に認《みと》めてもらいたいという願《ねが》いがある。そのため、親《おや》の期待《きたい》に応《こた》えようとするが、親《おや》の理想《りそう》とは違《ちが》う自《みずか》らの願《ねが》いが出《で》てくると、そこに葛藤《かっとう》が生《しょう》じる。自分《じぶん》の人生《じんせい》を自立《じりつ》して生《い》きるためには、親《おや》に対《たい》する甘《あま》えを断《た》ち切《き》る必要《ひつよう》がある。一旦《いったん》は気持《きも》ちの上《うえ》で、親《おや》を捨《す》てるのだ。そこがあやふやになると、親《おや》の干渉《かんしょう》から逃《のが》れられず重荷《おもに》に思《おも》う。

一方《いっぽう》の親《おや》は子供《こども》に期待《きたい》するところが多《おお》いので、自分《じぶん》の価値観《かちかん》を押《お》し付《つ》けようとする。親《おや》の気持《きも》ちとして、自分《じぶん》の理想《りそう》を子供《こども》が生《い》きれば、幸《しあわ》せになると思《おも》うのだ。けれどもそれは自分勝手《じぶんかって》な願《ねが》いで、子供《こども》には子供《こども》の人生《じんせい》がある。私《わたし》は三人《にん》の子育《こそだ》てで、そのことを学《まな》んだ。子供《こども》を自由《じゆう》に生《い》かすこと、子供《こども》に対《たい》する執着《しゅうちゃく》を放《はな》つことが、親《おや》の務《つと》めであり最大《さいだい》のレッスンだと私《わたし》は思《おも》っている。

家族《かぞく》のちから

二〇一四年《ねん》十一月《がつ》二十二日《にち》、長崎県西海市《ながさきけんさいかいし》の生長《せいちょう》の家総本山《いえそうほんざん》で秋季記念式典《しゅうききねんしきてん》が行《おこな》われた。その時《とき》、高知県《こうちけん》の生長《せいちょう》の家白鳩会連合会長《いえしろはとかいれんごうかいちょう》の谷岡満里《たにおかまり》さんが祝辞《しゅくじ》を述《の》べられた。

お祝《いわ》いの言葉《ことば》とともに、ご自分《じぶん》が生長《せいちょう》の家《いえ》を知《し》ったきっかけを披露《ひろう》した。まだ若《わか》いお母《かあ》さんだったころの話《はなし》だ。当時彼女《とうじかのじょ》には、四歳《さい》と七歳《さい》の二人《ふたり》の女《おんな》の子《こ》がいたが、卵巣《らんそう》がんになり、その後遺症《こういしょう》のため自律神経失調症《じりつしんけいしっちょうしょう》で体調《たいちょう》が悪《わる》かった。がんを患《わずら》ったことによる死《し》の恐怖《きょうふ》もあった。幼《おさな》い二人《ふたり》の娘《むすめ》の将来《しょうらい》を思《おも》い、たとえ自分《じぶん》が死《し》ぬことがあっても、娘《むすめ》たちが自立《じりつ》して強《つよ》く生《い》きていけるようにと厳《きび》しく躾《しつ》けた。

躾《しつけ》は次第《しだい》にエスカレートし、正座《せいざ》させ、一時間《じかん》も二時間《じかん》もお説教《せっきょう》するようになっていった。止《や》めなくてはいけないと思《おも》うのだが、自分《じぶん》をどうすることもできなかった。ある日気《ひき》が付《つ》くと娘《むすめ》の頭《あたま》の一部《いちぶ》の髪《かみ》が抜《ぬ》け落《お》ち、円形脱毛症《えんけいだつもうしょう》になっていた。母親《ははおや》の切《せつ》ない思《おも》いが心《こころ》に迫《せま》ってくる話《はなし》だ。

娘《むすめ》を愛《あい》するがゆえに、将来自分《しょうらいじぶん》がいなくなっても生《い》きていけるようにとの願《ねが》いからである。けれどもそこに、執着《しゅうちゃく》や取《と》り越《こ》し苦労《ぐろう》が混在《こんざい》して、自分《じぶん》の力《ちから》で何《なん》とかしなくてはとの思《おも》いと重《かさ》なり、虐待《ぎゃくたい》と思《おも》えるような言葉《ことば》の暴力《ぼうりょく》となっていった。

苦《くる》しくつらい日々《ひび》を過《す》ごしていた谷岡《たにおか》さんのところに、ある日《ひ》、一本《ぽん》の電話《でんわ》が入《はい》った。義理《ぎり》の姉《あね》からのものだった。その姉《あね》は最近知《さいきんし》ったという生長《せいちょう》の家《いえ》の教《おし》えについて、電話口《でんわぐち》で興奮気味《こうふんぎみ》に話《はな》した。

「満里《まり》さん、人間《にんげん》は死《し》なない命《いのち》であり、神《かみ》の子《こ》で完全円満《かんぜんえんまん》なんですって。病気《びょうき》なんて本当《ほんとう》はないそうよ」

谷岡《たにおか》さんは、それが真実《しんじつ》ならばいいがにわかには信《しん》じられなかった。それでも姉《あね》の話《はなし》に心《こころ》を動《うご》かされ、「そうであってほしい」との願《ねが》いから生長《せいちょう》の家《いえ》の本《ほん》を真剣《しんけん》に読《よ》むようになった。やがて彼女《かのじょ》の心《こころ》から死《し》の恐怖《きょうふ》が去《さ》ると共《とも》に、自律神経失調症《じりつしんけいしっちょうしょう》も治《なお》り、子供《こども》の将来《しょうらい》に対《たい》して取《と》り越《こ》し苦労《ぐろう》することもなくなったという話《はなし》だった。

親子《おやこ》や夫婦《ふうふ》、兄弟姉妹《きょうだいしまい》などの身近《みぢか》な家族《かぞく》を、人《ひと》はみなかけがえのない大切《たいせつ》な存在《そんざい》であると思《おも》っている。けれども同時《どうじ》に執着《しゅうちゃく》の思《おも》いもあり、自分《じぶん》の理想《りそう》を相手《あいて》に求《もと》めたり、こうでなくてはならないと思《おも》ったりする。家族《かぞく》はありがたいものであるが、執着《しゅうちゃく》の思《おも》いが強《つよ》すぎると、自分《じぶん》も相手《あいて》も縛《しば》ってしまい、お互《たが》いの関係《かんけい》が上手《うま》くいかず、自分自身《じぶんじしん》の人生《じんせい》さえも、当《あ》たり前《まえ》に生《い》きることができない場合《ばあい》もある。

家族《かぞく》との関係《かんけい》を思《おも》うとき、私《わたし》の頭《あたま》には日本画家《にほんがか》の東山魁夷《ひがしやまかいい》さんのことが浮《う》かんでくる。東山《ひがしやま》さんは、幼少《ようしょう》のころから両親《りょうしん》の不和《ふわ》を身近《みぢか》に感《かん》じて成長《せいちょう》した。どちらも自分《じぶん》にとっては慕《した》わしい人《ひと》であるが、自由奔放《じゆうほんぽう》な父《ちち》と、黙《だま》って耐《た》え忍《しの》ぶ母《はは》を見《み》て育《そだ》ち、とりわけ母《はは》に同情《どうじょう》した。そのため将来偉《しょうらいえら》い人《ひと》になって、母《はは》を喜《よろこ》ばせたいと強《つよ》く願《ねが》った。

画家《がか》であるから、絵《え》が認《みと》められ脚光《きゃっこう》を浴《あ》びることが、母《はは》を喜《よろこ》ばせることになる。裕福《ゆうふく》な家庭《かてい》に育《そだ》ち、東京美術学校《とうきょうびじゅつがっこう》では首席《しゅせき》を通《とお》しドイツ留学《りゅうがく》も果《は》たしたが、画壇《がだん》ではなかなか認《みと》められることがなかった。そんな時《とき》、父親《ちちおや》の仕事《しごと》が破綻《はたん》し、その処《しょ》理《り》も東山《ひがしやま》さんの肩《かた》に掛《か》かってきた。画壇《がだん》で認《みと》められて、何《なん》とか家業《かぎょう》を建《た》て直《なお》したいとの思《おも》いも加《くわ》わり、焦《あせ》りの中《なか》描《えが》く作品《さくひん》は上手《うま》くいかなかった。

美術学校時代《びじゅつがっこうじだい》は、初作品《はつさくひん》が入選《にゅうせん》し将来《しょうらい》を期待《きたい》される才能《さいのう》の持《も》ち主《ぬし》であったにもかかわらず、永《なが》い間《あいだ》脚光《きゃっこう》を浴《あ》びることはなかったのだ。そして戦争前後《せんそうぜんご》の混乱《こんらん》の中《なか》、両親《りょうしん》と弟《おとうと》が次々《つぎつぎ》に亡《な》くなった。大学時代《だいがくじだい》にすでに兄《あに》はなく、天涯孤独《てんがいこどく》の身《み》となった。その時《とき》のことを東山《ひがしやま》さんは、「私《わたし》の喜《よろこ》びをいちばん親身《しんみ》になって喜《よろこ》び、私《わたし》の悲《かな》しみを最《もっと》も深《ふか》く悲《かな》しんでくれる肉親《にくしん》は一人《ひとり》もいなくなった」と語《かた》っている。

身内《みうち》としては妻以外誰《つまいがいだれ》もいなくなり、人生《じんせい》のどん底《ぞこ》を味《あじ》わい、これ以上落《いじょうお》ちようがないというところにいった時《とき》、人間《にんげん》として成熟《せいじゅく》してきたことを感《かん》じたという。

この時《とき》を境《さかい》として、東山《ひがしやま》さんの作品《さくひん》は次々《つぎつぎ》と認《みと》められ、やがて脚光《きゃっこう》を浴《あ》び、画壇《がだん》の寵児《ちょうじ》と言《い》われるようになった。自分《じぶん》の成功《せいこう》を誰《だれ》よりも喜《よろこ》んでくれるはずの肉親《にくしん》が一人《ひとり》もいなくなった状況《じょうきょう》は、愛著《あいじゃく》を離《はな》れ、人生《じんせい》を諦観《ていかん》することになったのではと思《おも》う。自然《しぜん》との純粋《じゅんすい》な一体感《いったいかん》の中《なか》で、素晴《すば》らしい作品《さくひん》が生《う》み出《だ》されていった。

東山《ひがしやま》さんは、この後《のち》どんなに称賛《しょうさん》を浴《あ》び、拍手《はくしゅ》で迎《むか》えられても、家族《かぞく》を亡《な》くしたさびしさ、むなしさがあるため、謙虚《けんきょ》でいられたのかもしれないという。厳《きび》しくはあるが、示唆《しさ》に富《と》んだ偉大《いだい》な日本画家《にほんがか》の人生《じんせい》だ。

人間《にんげん》にとって、家族《かぞく》の存在《そんざい》がいかに大《おお》きいものであるかが理解《りかい》できる話《はなし》である。身近《みぢか》な家族《かぞく》であるほど、執着《しゅうちゃく》の思《おも》いは強《つよ》く、執着《しゅうちゃく》している事《こと》さえ気《き》が付《つ》かない場合《ばあい》もある。「執着《しゅうちゃく》を絶《た》つ」というのも、人生《じんせい》の大仕事《おおしごと》だ。

親《おや》は子供《こども》に、自分《じぶん》では気《き》が付《つ》かないうちに、色々《いろいろ》なことを求《もと》めていることがある。家族《かぞく》は、ただいてくれるだけで、ありがたい存在《そんざい》であるのに、それ以上《いじょう》を求《もと》めるところから、様々《さまざま》な問題《もんだい》が起《お》きてくる。夫《おっと》や妻《つま》、子供《こども》、親《おや》、きょうだいなどの存在《そんざい》をただありがとうと感謝《かんしゃ》したい。

親《おや》の心《こころ》

春《はる》と秋《あき》のお彼岸《ひがん》には、余程《よほど》忙《いそが》しくない限《かぎ》り、私《わたし》はおはぎを作《つく》る。母《はは》はいつもお彼《ひ》岸《がん》にはおはぎを作《つく》り、仏壇《ぶつだん》にお供《そな》えしていた。私自身《わたしじしん》おはぎが好《す》きだということもある。お彼岸《ひがん》の風習《ふうしゅう》は、仏教《ぶっきょう》の彼岸会《ひがんえ》から来《き》ている。人《ひと》は死《し》んだら浄土《じょうど》に行《い》くと仏《ぶっ》教《きょう》思想《しそう》は言《い》い、極楽浄土《ごくらくじょうど》のことを彼岸《ひがん》という。辞書《じしょ》によると、彼岸《ひがん》は完成《かんせい》、熟達《じゅくたつ》を意味《いみ》する梵語《ぼんご》の「パーラミター」（波羅蜜多《はらみった》）を漢訳《かんやく》した言葉《ことば》で、煩悩《ぼんのう》を超越《ちょうえつ》した悟《さと》りの世界《せかい》を指《さ》す。

私《わたし》たちが現実《げんじつ》に生《い》きる世界《せかい》を此岸《しがん》というが、この世界《せかい》は人間《にんげん》の欲望《よくぼう》が渦巻《うずま》き、生《しょう》老病死《ろうびょうし》のある悩《なや》み多《おお》き世界《せかい》である。かつて日本《にほん》には仏教《ぶっきょう》が国教《こっきょう》の時代《じだい》があった。当《とう》時《じ》は厳《きび》しい階級制度《かいきゅうせいど》があり、人々《ひとびと》の暮《く》らしは苦《くる》しく、自分《じぶん》の力《ちから》ではどうしようもないことが多《おお》かったのかもしれない。そんな状況《じょうきょう》のもと、目《め》の前《まえ》にどんな苦《くる》しみがあっても、仏《ほとけ》を信《しん》じれば死《し》んだ後《あと》には極楽浄土《ごくらくじょうど》に行《い》けるという信仰《しんこう》は、人々《ひとびと》の救《すく》いになったのだろう。

現代《げんだい》は社会《しゃかい》にいろいろな問題《もんだい》があるにしても、自分《じぶん》の努力次第《どりょくしだい》で、できることは多《おお》いから、今《いま》の苦《くる》しみに耐《た》えれば、死《し》んだ後《あと》は極楽浄土《ごくらくじょうど》に行《い》けるなどと言《い》われても、多《おお》くの人《ひと》は納得《なっとく》せず、信《しん》じないだろう。

太陽《たいよう》が真東《まひがし》から昇《のぼ》り、真西《まにし》に沈《しず》む春分《しゅんぶん》の日《ひ》は、日《ひ》の入《い》りを拝《おが》むことで、西方極楽《さいほうごくらく》浄土《じょうど》に住《す》むご先祖様《せんぞさま》と交《まじ》わることができると考《かんが》えられた。だからお彼岸《ひがん》にはお墓参《はかまい》りをしたり、仏壇《ぶつだん》におはぎなどをお供《そな》えする。これは、先祖《せんぞ》を敬《うやま》い、尊《とうと》び、懐《なつ》かしく思《おも》う心《こころ》からきている。おはぎは牡丹餅《ぼたもち》と呼《よ》ばれることもあるので、私《わたし》は地方《ちほう》による呼《よ》び方《かた》の違《ちが》いだと思《おも》っていた。それがある時何《ときなに》かで読《よ》んで、春《はる》はそのころ咲《さ》く牡《ぼ》丹《たん》の花《はな》から、秋《あき》は萩《はぎ》の花《はな》から名前《なまえ》を付《つ》けたと知《し》った。「ぼたもち」という言葉《ことば》の語《ご》感《かん》から、いかにも小豆餡《あずきあん》がたっぷりついた大《おお》きな餅《もち》が連想《れんそう》され、豊《ゆた》かではあるが重《おも》い感《かん》じがして、私《わたし》はおはぎと呼《よ》んでいる。

人《ひと》は皆《みな》いつかは死《し》ぬが、死《し》んだ後《あと》どうなるかという確《たし》かなことは、誰《だれ》にもわからない。けれども多《おお》くの人《ひと》は、死《し》と共《とも》に肉体《にくたい》が滅《ほろ》んでも、魂《たましい》はどこかで生《い》きていると信《しん》じている。お彼岸《ひがん》やお盆《ぼん》にお墓参《はかまい》りをしたり、特別《とくべつ》のお供《そな》え物《もの》をすることが、その証拠《しょうこ》である。

私《わたし》の父《ちち》は健在《けんざい》だが、母《はは》は二〇一六年《ねん》に亡《な》くなった。肉体《にくたい》の母《はは》に最早《もはや》会《あ》うことはできないが、母《はは》の存在《そんざい》がなくなったという感覚《かんかく》は私《わたし》にはない。その根拠《こんきょ》は何《なん》だろうと考《かんが》えると、幼《おさな》いころからの様々《さまざま》な母《はは》との思《おも》い出《で》、交流《こうりゅう》の確《たし》かな記憶《きおく》があるから、私《わたし》の心《こころ》の中《なか》で母《はは》は生《い》きている。親《おや》というものはそれだけ人間《にんげん》にとって大《おお》きな存在《そんざい》だといえるのだろう。

先日《せんじつ》、『朝日新聞《あさひしんぶん》』(二〇一八年《ねん》三月《がつ》二十六日《にち》、朝刊《ちょうかん》)の投書欄《とうしょらん》に、こんな投稿《とうこう》があった。「親《おや》は子《こ》を気《き》にかけて生《い》きている」という見出《みだ》しで、投稿者《とうこうしゃ》は八十一歳《さい》の

親の心

女性《じょせい》だ。

「子育《こそだ》てに忙《いそが》しかったころ、両親《りょうしん》に『大丈夫《だいじょうぶ》？』とよく電話《でんわ》をした。健康《けんこう》を心配《しんぱい》してのことだ。親《おや》の返事《へんじ》はいつも同《おな》じ、『大丈夫《だいじょうぶ》』だった。

自分《じぶん》が親《おや》と同世代《どうせだい》になったいま、子供《こども》たちは何《なに》かにつけて私《わたし》たち両親《りょうしん》に『大丈夫《だいじょうぶ》？』という言葉《ことば》を添《そ》えて、優《やさ》しいメールをくれる。体調《たいちょう》が悪《わる》くても、夫婦《ふうふ》で助《たす》け合《あ》いながら生活《せいかつ》できている限《かぎ》り、『大丈夫《だいじょうぶ》』といつもの返信《へんしん》をする。（中略《ちゅうりゃく》）親《おや》の『大丈夫《だいじょうぶ》』という言葉《ことば》には、実際《じっさい》には『大丈夫《だいじょうぶ》』ではないことが含《ふく》まれていることに、老体《ろうたい》になって初《はじ》めて気《き》づいた。

親《おや》は自分《じぶん》たちのことよりも、子供《こども》の家族《かぞく》のことばかり気《き》にかけて生《い》きている。親《おや》子《こ》とはこういうものかと、遅《おく》ればせながら思《おも》う日々《ひび》である」

親《おや》が子《こ》を思《おも》う気持《きも》ちが、良《よ》く表《あらわ》れている投稿《とうこう》だ。

私《わたし》の父《ちち》は九十二歳《さい》であるが、今《いま》でも月《つき》に二回《かい》くらい自分《じぶん》で育《そだ》てた野菜《やさい》や果物《くだもの》を送《おく》ってくれる。それも私《わたし》だけでなく、孫《まご》にも送《おく》るのである。無理《むり》をしないでゆっくり過《す》ごしてもらいたいと子供《こども》の私《わたし》は思《おも》うが、父《ちち》にとっては野菜《やさい》を作《つく》り、子供《こども》や孫《まご》、親《した》しい人《ひと》に送《おく》ることが生《い》きがいになっている。その結果《けっか》、九十歳《さい》を過《す》ぎても元気《げんき》で生活《せいかつ》できているようだ。

私《わたし》もこの投書者《とうしょしゃ》のように父《ちち》に「大丈夫《だいじょうぶ》？」と聞《き》くことがあるが、いつも前向《まえむ》きで元気《げんき》な返事《へんじ》しか返《かえ》ってこない。でも、本当《ほんとう》は「大丈夫《だいじょうぶ》」でないこともあるかもしれないと思《おも》った。

親《おや》はいくつになっても、自分《じぶん》のことよりも子供《こども》のことを気《き》にかけ、子供《こども》の幸《しあわ》せを願《ねが》っている。この親《おや》の愛《あい》によって、目《め》には見《み》えないが様々《さまざま》なところで助《たす》けられ、支《ささ》えられ、導《みちび》かれているのだろう。親《おや》の子《こ》に対《たい》する思《おも》いは幾代《いくよ》にもわたって受《う》け継《つ》がれ、連綿《れんめん》としたつながりが先祖《せんぞ》と呼《よ》ばれる存在《そんざい》だ。

親《おや》も一人《ひとり》の人間《にんげん》であるから、時《とき》には執着《しゅうちゃく》の気持《きも》ちが感《かん》じられたり、自己本位《じこほんい》の行《こう》動《どう》に悩《なや》まされることがあるかもしれない。けれども、親《おや》がなければ自分《じぶん》の存在《そんざい》はないという、この世《よ》に命《いのち》を与《あた》えてくれた原点《げんてん》を見《み》つめ、親《おや》の本心《ほんしん》にある、子供《こども》のためには自分《じぶん》を犠牲《ぎせい》にすることもいとわない深《ふか》い思《おも》いを考《かんが》えるとき、感謝《かんしゃ》の思《おも》いが湧《わ》いてくる。

肉体《にくたい》の人間《にんげん》は、永遠《えいえん》に生《い》きることはできない。けれども、次《つぎ》の世代《せだい》が存在《そんざい》することにより、命《いのち》のつながりという形《かたち》で、永遠《えいえん》を感《かん》じることができる。親《おや》は子《こ》の命《いのち》の中《なか》に永遠《えいえん》を感《かん》じ、子《こ》は親《おや》の思《おも》いを受《う》けて未来《みらい》へと希望《きぼう》をもって生《い》きる。先祖《せんぞ》を敬《うやま》い、感謝《かんしゃ》することは、自分《じぶん》の命《いのち》を尊《とうと》ぶことでもある。命《いのち》のつながりの荘厳《そうごん》な営《いとな》みに、胸《むね》が熱《あつ》くなる。

第3章

毎日《まいにち》がラッキー

健康《けんこう》な暮《く》らし

「今日《きょう》も健康《けんこう》で、幸《しあわ》せな一日《にち》を過《す》ごすことができた」

そう考《かんが》えて、感謝《かんしゃ》の思《おも》いで一日《にち》を終《お》える人《ひと》はどれくらいいるだろうか。大病《たいびょう》をして療養《りょうよう》の結果《けっか》、健康《けんこう》を取《と》り戻《もど》した人《ひと》は、健康《けんこう》の有難《ありがた》みが人一倍《ひといちばい》感《かん》じられ、一日《にち》一日《にち》を大切《たいせつ》に過《す》ごしているだろう。

けれども、特《とく》に問題《もんだい》がなく健康《けんこう》に生活《せいかつ》している人《ひと》は、頭《あたま》では健康《けんこう》の大切《たいせつ》さを知《し》っていても、生活実感《せいかつじっかん》として健康《けんこう》の有難《ありがた》みを切実《せつじつ》に感《かん》じることは難《むずか》しい。そんな中《なか》、現代《げんだい》は健康《けんこう》と病気《びょうき》に関《かん》する情報《じょうほう》が生活《せいかつ》のあらゆる場面《ばめん》で行《ゆ》き交《か》っている。食《た》べ物《もの》の何《なに》が健康《けんこう》に良《よ》く何《なに》が悪《わる》いかや、どのような運動《うんどう》が良《よ》いとか悪《わる》いなどだ。それらの情《じょう》報《ほう》を無防備《むぼうび》に受《う》け取《と》っていると、何《なに》が本当《ほんとう》で、どれが間違《まちが》っているか判断《はんだん》できず、振《ふ》り回《まわ》されることになる。その結果《けっか》、得体《えたい》のしれない不安《ふあん》や取《と》り越《こ》し苦労《ぐろう》で、悩《なや》む人《ひと》も多《おお》い。

このような現象《げんしょう》には、そもそも人間《にんげん》の健康《けんこう》はどこから来《く》るのかということに対《たい》する誤解《ごかい》があるのではないかと思《おも》う。食《た》べ物《もの》や普段《ふだん》の習慣的《しゅうかんてき》な行動《こうどう》は、人《ひと》の健康《けんこう》に大《おお》きく関《かか》わるものだ。けれども根本的《こんぽんてき》には、その人《ひと》の心《こころ》が大《おお》きく健康《けんこう》に影響《えいきょう》する。どんなに気《き》をつけて健康《けんこう》に良《よ》いと思《おも》われるものだけを食《た》べて、体《からだ》も動《うご》かして運動《うんどう》していても、心《こころ》に不安《ふあん》や不満《ふまん》、人《ひと》に対《たい》する怒《いか》りの思《おも》いなどがあると、それらは実際私《じっさいわたし》たちの体《からだ》に悪《わる》い影響《えいきょう》を及《およ》ぼす。心《こころ》に不安《ふあん》がなく、のびやかに生活《せいかつ》し、それほど食《た》べ物《もの》に気《き》を使《つか》わなくても、健康《けんこう》に過《す》ごしている人《ひと》もいる。健康《けんこう》や長寿《ちょうじゅ》について、雑誌《ざっし》やテレビも含《ふく》めて、様々《さまざま》な情報《じょうほう》を提供《ていきょう》してくれる。それらを取《と》り入《い》れて、健康的《けんこうてき》な生《せい》活《かつ》を心《こころ》がけることは良《よ》いが、最終的《さいしゅうてき》にはその人《ひと》の心《こころ》の在《あ》り方《かた》が結果《けっか》として健康《けんこう》を作《つく》るのだ。

私《わたし》も日々《ひび》、それなりに気《き》を付《つ》けて生活《せいかつ》している。バランスの良《よ》い食事《しょくじ》を念頭《ねんとう》におき、野菜《やさい》などは可能《かのう》な限《かぎ》り無農薬《むのうやく》、有機栽培《ゆうきさいばい》のものを購入《こうにゅう》している。さらに、できれば自分《じぶん》でも無農薬《むのうやく》の野菜《やさい》を作《つく》りたいとささやかな家庭菜園《かていさいえん》をし、食品《しょくひん》は無添加《むてんか》なものを求《もと》め、手作《てづく》りを基本《きほん》にしている。ちょっと大変《たいへん》そうに思《おも》えるかもしれないが、実際《じっさい》にはそうでもない。料理《りょうり》というのはとても創造的《そうぞうてき》なもので、おいしく上手《じょうず》にできたら満足感《まんぞくかん》を味《あじ》わうことができる。短時間《たんじかん》で完結《かんけつ》するのも、料理《りょうり》の一《ひと》つの魅力《みりょく》だ。その上《うえ》、安全《あんぜん》な食品《しょくひん》を求《もと》めることは私《わたし》たち一人一人《ひとりひとり》の健康《けんこう》のために大切《たいせつ》なことである。加《くわ》えて、無農薬《むのうやく》や有機栽培《ゆうきさいばい》は、地球生態系《ちきゅうせいたいけい》を守《まも》るためにも大変重要《たいへんじゅうよう》だ。

経済的《けいざいてき》な理由《りゆう》を優先《ゆうせん》させて、農薬《のうやく》を使《つか》い、化学肥料《かがくひりょう》を多用《たよう》してきた現在《げんざい》の農業《のうぎょう》は、それ以前《いぜん》の農業《のうぎょう》に比《くら》べて、収量《しゅうりょう》が増《ふ》え、人間《にんげん》の労力《ろうりょく》の軽減《けいげん》にもつながった。その面《めん》だけに注目《ちゅうもく》すれば、それは人類《じんるい》の進歩《しんぽ》のように思《おも》える。ところがその結果《けっか》、多《おお》くの生物《せいぶつ》を殺《ころ》し、絶滅《ぜつめつ》に追《お》いやった。結果《けっか》として地球生態系《ちきゅうせいたいけい》のバランスを崩《くず》してしまったのだ。また、人間《にんげん》の体《からだ》にも農薬《のうやく》は影響《えいきょう》を及《およ》ぼし、病気《びょうき》の遠因《えんいん》にもなっている。農《のう》薬《やく》や化学肥料《かがくひりょう》は化石燃料《かせきねんりょう》から作《つく》られ、地球温暖化《ちきゅうおんだんか》の原因《げんいん》の一《ひと》つでもある。

私《わたし》たちが何《なに》を求《もと》め、食《た》べるかということは、グローバル化《か》の進《すす》んだ現代《げんだい》では、世《せ》界中《かいじゅう》の人《ひと》の生活《せいかつ》に影響《えいきょう》を及《およ》ぼす。物《もの》を買《か》うとき、品質《ひんしつ》、内容《ないよう》ではなく、値段《ねだん》だけで判断《はんだん》すると、短期的《たんきてき》には得《とく》をしたと思《おも》うかもしれないが、長《なが》い目《め》で見《み》れば必《かなら》ずそれなりの結果《けっか》が出《で》てくる。私《わたし》たちの子供《こども》や孫《まご》など未来世代《みらいせだい》の生活《せいかつ》に、負《ふ》の遺産《いさん》を残《のこ》す無責任《むせきにん》な行動《こうどう》と言《い》えるのだ。

働《はたら》く女性《じょせい》の増加《ぞうか》と共《とも》に、便利《べんり》な調理済《ちょうりず》みのもの、冷凍食品《れいとうしょくひん》、レトルト食品《しょくひん》、総《そう》菜《ざい》などのコーナーは、スーパーなどで広《ひろ》い場所《ばしょ》を占《し》めるようになった。その一方《いっぽう》で、子供《こども》の幼稚園《ようちえん》のお弁当《べんとう》にキャラ弁《べん》などという凝《こ》ったものを作《つく》るのも、一部《いちぶ》では流《は》行《や》っている。食《しょく》の世界《せかい》でも、二極化《にきょくか》が進《すす》んでいるようだ。

御馳走《ごちそう》が食卓《しょくたく》に並《なら》ぶのが、豊《ゆた》かさの証《あかし》のように思《おも》いがちだ。私《わたし》もかつてそのように思《おも》っていた。けれども今《いま》は、与《あた》えられたものに感謝《かんしゃ》し、それらを無駄《むだ》にせず、生《い》かして料理《りょうり》することが、本当《ほんとう》の豊《ゆた》かさであると思《おも》うようになった。豪華《ごうか》ではないけれど、心《こころ》を込《こ》めた手作《てづく》りの総菜《そうざい》がある食卓《しょくたく》だ。そこには、共《とも》に暮《く》らす人《ひと》だけでなく、目《め》に見《み》えない多《おお》くの人《ひと》とのかかわりを考《かんが》えて、与《あた》えられた物《もの》を大切《たいせつ》に生《い》かしていただこうという気持《きも》ちがある。このような生活《せいかつ》の中《なか》から、豊《ゆた》かな心《こころ》は育《はぐく》まれる。健康《けんこう》で創造的《そうぞうてき》で、安定感《あんていかん》のある生活《せいかつ》とはそのような日常《にちじょう》から生《う》まれてくるものだ。

一人一人《ひとりひとり》の日常《にちじょう》は、限《かぎ》られた狭《せま》いものである。その中《なか》で私《わたし》たちは、自分中心《じぶんちゅうしん》に物事《ものごと》を考《かんが》えがちだが、その習慣《しゅうかん》を少《すこ》し方向転換《ほうこうてんかん》させ、他《た》の人《ひと》や生物《せいぶつ》、自然《しぜん》にも思《おも》いをはせて、小《ちい》さな選択《せんたく》、ささやかな行《おこな》いをすることにより、自分《じぶん》も生《い》かされ、多《おお》くの人《ひと》や生物《せいぶつ》、自然環境《しぜんかんきょう》へ良《よ》い影響《えいきょう》を及《およ》ぼすことができるだろう。地球《ちきゅう》という広大《こうだい》な世界《せかい》で、人間《にんげん》は空気《くうき》や水《みず》、太陽《たいよう》、他《た》の動植物《どうしょくぶつ》などあらゆるものに生《い》かされて生《い》きている。心静《こころしず》かにそのことを考《かんが》えると、感謝《かんしゃ》の思《おも》いが湧《わ》いてくるのではないだろうか。感謝《かんしゃ》の生活《せいかつ》にこそ、健康《けんこう》で明《あか》るく楽《たの》しい日常《にちじょう》の源泉《げんせん》がある。常《つね》にそれを意識《いしき》して生活《せいかつ》することが、健康《けんこう》な暮《く》らしの秘訣《ひけつ》なのである。

無心《むしん》でみる

私《わたし》たちの人生《じんせい》は、習慣《しゅうかん》によって方向《ほうこう》づけられる。習慣《しゅうかん》の力《ちから》のことを業《ごう》といい、良《よ》い習慣《しゅうかん》は人生《じんせい》を幸《しあわ》せに、建設的《けんせつてき》に導《みちび》くことができるが、悪《わる》い習慣《しゅうかん》は悪《わる》い結果《けっか》をもたらす。だから、誰《だれ》でも良《よ》くない習慣《しゅうかん》は変《か》えたいと思《おも》うものだ。ところが現実《げんじつ》には、習慣《しゅうかん》を変《か》えることは容易《ようい》ではない。

そこで新《あたら》しい年《とし》の初《はじ》めなどには、「今年《ことし》の抱負《ほうふ》」とか「新年《しんねん》の誓《ちか》い」などを立《た》て、習慣《しゅうかん》を変《か》えようとか、良《よ》い習慣《しゅうかん》を始《はじ》めようと自《みずか》らに課《か》すことも多《おお》い。人生《じんせい》の節《ふし》目《め》である誕生日《たんじょうび》も、生活《せいかつ》を見直《みなお》す良《よ》いきっかけになる。また、身《み》の回《まわ》りに起《お》こる困《こん》難《なん》な出来事《できごと》は、習慣《しゅうかん》を変《か》える絶好《ぜっこう》の機会《きかい》ともなる。「こんなはずではなかった」「どうしてこんなことが起《お》こるのか」と思《おも》い、その苦境《くきょう》を脱《だっ》するために、懸命《けんめい》に努力《どりょく》するとき、古《ふる》い習慣《しゅうかん》の殻《から》が破《やぶ》れることがある。

一般的《いっぱんてき》には人生《じんせい》の困難《こんなん》や、不幸《ふこう》、病気《びょうき》などが起《お》こった時《とき》、その原因《げんいん》を自分以外《じぶんいがい》の何《なに》ものかに求《もと》めてしまうことが多《おお》い。その場合《ばあい》、原因《げんいん》は他《た》の人《ひと》や環境《かんきょう》など外部《がいぶ》にあると思《おも》うので、習慣《しゅうかん》を変《か》えることには結《むす》び付《つ》かない。けれども、自分《じぶん》のまわりに起《お》こることは、自分《じぶん》に原因《げんいん》があるという考《かんが》え方《かた》に立《た》つと、習慣《しゅうかん》を変《か》えようという強《つよ》い気持《きも》ちが起《お》こる。そこから、人生《じんせい》が建設的《けんせつてき》な方向《ほうこう》に動《うご》き出《だ》すことになる。

習慣《しゅうかん》を変《か》えるには、毎日《まいにち》の小《ちい》さな積《つ》み重《かさ》ねが大切《たいせつ》だ。何《なに》かに感動《かんどう》して、あるいは影響《えいきょう》を受《う》けて、一時《いちじ》普段《ふだん》とは違《ちが》う行動《こうどう》をとったり、生活態度《せいかつたいど》になることがあるが、それだけでは長続《ながつづ》きしない。感動《かんどう》というものは永続性《えいぞくせい》がなく、余程《よほど》のことがない限《かぎ》り、いつしか心《こころ》の振《ふ》り子《こ》は元《もと》に戻《もど》り、今《いま》まで通《どお》りの生活《せいかつ》になっていることが多《おお》い。

私《わたし》たちは、目《め》、耳《みみ》、鼻《はな》、口《くち》、皮膚《ひふ》などの五官《ごかん》の感覚《かんかく》から得《え》られる情報《じょうほう》を契機《けいき》とし、心《こころ》を通《とお》して世界《せかい》を理解《りかい》する。

無心でみる

例《たと》えば、母親《ははおや》と幼《おさな》い子供《こども》が二人《ふたり》でリュックを背負《せお》って、特急列車《とっきゅうれっしゃ》に乗《の》ってきた場合《ばあい》、その二人《ふたり》から受《う》ける印象《いんしょう》は、人《ひと》それぞれだ。旅《たび》のいでたちで、特急列車《とっきゅうれっしゃ》だから旅行《りょこう》であることは明《あき》らかだが、母親《ははおや》の実家《じっか》に帰《かえ》るのだろうか、父親《ちちおや》は仕事《しごと》なのだろうかなどと思《おも》う。同《おな》じような年頃《としごろ》の孫《まご》を持《も》つ人《ひと》は、自分《じぶん》の孫《まご》のことを考《かんが》えるだろうし、離婚《りこん》して、妻《つま》や子供《こども》と離《はな》れて暮《く》らしている男性《だんせい》は、また違《ちが》うことが脳裏《のうり》に浮《う》かぶだろう。同《おな》じ場面《ばめん》に遭遇《そうぐう》しても、心《こころ》の中《なか》で起《お》ることはその人《ひと》のそれまでの経験《けいけん》やものの見方《みかた》、人生観《じんせいかん》、人間観《にんげんかん》などによって違《ちが》う。これらの例《れい》からわかるのは、人《ひと》が見《み》る世界《せかい》は、過去《かこ》の経験《けいけん》と密接《みっせつ》につながり、強《つよ》い影響《えいきょう》を受《う》けているということだ。

また現実《げんじつ》の世界《せかい》では、毎日《まいにち》どこかで紛争《ふんそう》や衝突《しょうとつ》が起《お》こり、事故《じこ》や殺人《さつじん》、不正等《ふせいなど》があり、不幸《ふこう》な人《ひと》、悲《かな》しみにくれる人《ひと》が沢山《たくさん》いるという印象《いんしょう》を強《つよ》く持《も》つことが多《おお》い。それらはマスコミを通《つう》じてテレビやラジオ、新聞《しんぶん》などからもたらされた情報《じょうほう》で、世界《せかい》で起《お》こっていることは事実《じじつ》ではあるが、全体《ぜんたい》から見《み》れば、ごく一部《いちぶ》のことである。

ごく一部《いちぶ》であるにもかかわらず、通信技術《つうしんぎじゅつ》の発達《はったつ》により悲惨《ひさん》な世界《せかい》に生《い》きているという印象《いんしょう》を無意識《むいしき》のうちに心《こころ》にため込《こ》んで、ストレスの多《おお》い日常《にちじょう》を過《す》ごしているのが現代人《げんだいじん》である。

良《よ》い情報《じょうほう》よりも悪《わる》い情報《じょうほう》の影響《えいきょう》をより多《おお》く受《う》けている生活《せいかつ》を改善《かいぜん》するためには、瞑想《めいそう》をすることがとても有効《ゆうこう》だ。私《わたし》は朝《あさ》五時《じ》に起《お》きる習慣《しゅうかん》で、起《お》きるとすぐ神想観《しんそうかん》という生長《せいちょう》の家式《いえしき》の瞑想《めいそう》をする。神想観《しんそうかん》は座禅的瞑想法《ざぜんてきめいそうほう》であるが、座禅《ざぜん》との大《おお》きな違《ちが》いは、無念無想《むねんむそう》になるのではなく、善《ぜん》なる世界《せかい》を心《こころ》の目《め》でしっかり見《み》つめ、潜在《せんざい》意識《いしき》に働《はたら》きかけて、心《こころ》の傾向《けいこう》を変《か》えていくところにある。

神想観《しんそうかん》の根本《こんぽん》にあるのは、世界《せかい》の真実《しんじつ》の姿《すがた》は善一元《ぜんいちげん》であり、人間《にんげん》が究極的《きゅうきょくてき》に求《もと》めている天国《てんごく》や浄土《じょうど》というものは、すでに存在《そんざい》するという考《かんが》え方《かた》である。人《ひと》は一般《いっぱん》的《てき》に、人間《にんげん》は肉体的存在《にくたいてきそんざい》で、自分《じぶん》と他人《たにん》は別々《べつべつ》であり、お互《たが》いの利害《りがい》は対立《たいりつ》すると考《かんが》え、自己中心的《じこちゅうしんてき》に物事《ものごと》を捉《とら》え、様々《さまざま》なことがらに執着《しゅうちゃく》する。

無心《むしん》になって見《み》れば、本当《ほんとう》は目《め》の前《まえ》に美《うつく》しい世界《せかい》があっても、それを見《み》ることができず、自分《じぶん》の心《こころ》を通《とお》して脚色《きゃくしょく》された世界《せかい》を見《み》ているのだ。自分中心《じぶんちゅうしん》に好《す》き嫌《きら》いや良《よ》い悪《わる》いを判断《はんだん》し、固定化《こていか》している心《こころ》のベールを外《はず》して、そのままの世界《せかい》を見《み》るためのレッスンともいえるのが、神想観《しんそうかん》である。真《ま》っさらな白《しろ》いキャンバスに絵《え》を描《えが》くように、善《ぜん》なる世界《せかい》を心《こころ》の目《め》で見《み》つめ、深《ふか》く印象付《いんしょうづ》けるのである。

心《こころ》で何《なに》を思《おも》うか、何《なに》を信《しん》じるかが現実《げんじつ》の世界《せかい》を成《な》り立《た》たせているから、心《こころ》がどうであるかということはとても大切《たいせつ》だ。先入観念《せんにゅうかんねん》を捨《す》てて世界《せかい》を見渡《みわた》せば、全《すべ》てのものがお互《たが》いに支《ささ》え合《あ》い、生《い》かし合《あ》っている世界《せかい》の真実《しんじつ》が見《み》えてくる。そして私《わたし》たち人間《にんげん》はその中《なか》で生《い》かされている存在《そんざい》だから、悪現象《あくげんしょう》を超《こ》えて、全《すべ》てを生《い》かそうとする大《おお》いなる力《ちから》に目《め》を向《む》けることだ。善一元《ぜんいちげん》の世界《せかい》を心《こころ》に描《えが》くことが、習慣《しゅうかん》を変《か》える根本《こんぽん》になるのである。

「神想観《しんそうかん》」については、谷口雅春《たにぐちまさはる》＊1先生著《せんせいちょ》『新版《しんぱん》 詳説《しょうせつ》 神想観《しんそうかん》』（日本教文社《にっぽんきょうぶんしゃ》刊《かん》）に、目的《もくてき》や実修方法等《じっしゅうほうほうなど》が詳《くわ》しく書《か》かれているので、是非参考《ぜひさんこう》にされることをお勧《すす》めする。

＊1　生長の家創始者、1985年昇天。

時《じ》間《かん》割《わり》を作《つく》る

毎日《まいにち》の生活《せいかつ》を、より良《よ》く充実《じゅうじつ》したものにしたいというのは、誰《だれ》もが望《のぞ》むことだと思《おも》う。一日《にち》二十四時間《じかん》はどの人《ひと》にも同様《どうよう》に与《あた》えられているが、その使《つか》い方《かた》は様々《さまざま》だ。私《わたし》も子《こ》育《そだ》て時代《じだい》から、いかに時間《じかん》をうまく使《つか》うかに心《こころ》を砕《くだ》いてきた。そんな中《なか》でよくしたのは、スケジュール表《ひょう》を作《つく》ることだった。

先《ま》ず紙《かみ》の左側《ひだりがわ》に縦《たて》の線《せん》を引《ひ》き、一番上《いちばんうえ》に起床時間《きしょうじかん》である五時《じ》を書《か》き、その後《ご》一時《じ》間単位《かんたんい》で線上《せんじょう》に順次時間《じゅんじじかん》を書《か》き入《い》れる。線《せん》の右側《みぎがわ》には、それぞれの時間《じかん》にすることを書《か》くのだ。食事作《しょくじづく》りと食事《しょくじ》の時間《じかん》、掃除《そうじ》や洗濯《せんたく》などの決《き》まったものは最初《さいしょ》に入《い》れる。そのほか自分《じぶん》がやりたい事《こと》、例《たと》えば読書《どくしょ》や勉強《べんきょう》、趣味《しゅみ》の時間《じかん》などであるが、それらを空白部分《くうはくぶぶん》に埋《う》め込《こ》んでいく。そうすると、基本的《きほんてき》な生活《せいかつ》のために必要《ひつよう》な時間《じかん》と、自分《じぶん》のために使《つか》える時間《じかん》のおおよそが分《わ》かる。

学校《がっこう》での時間割《じかんわり》を作《つく》るようなものである。当然《とうぜん》それぞれに時間《じかん》が決《き》まっているから、時間内《じかんない》に終《お》わらせようと努力《どりょく》する。書《か》くことにより、頭《あたま》で漠然《ばくぜん》と何《なに》かをしたいと思《おも》っていた状態《じょうたい》から、実際《じっさい》に一日《にち》の中《なか》で使《つか》える時間《じかん》が分《わ》かるから、より現実《げんじつ》に即《そく》した考《かんが》え方《かた》ができるようになるのだ。

学校《がっこう》では十分《ぷん》の休《やす》み時間《じかん》は延《の》びることはないが、普段《ふだん》の生活《せいかつ》では、自由《じゆう》である。自由《じゆう》であるがゆえに、だらだらと過《す》ごしてしまい、一日《にち》が終《お》わってしまうこともある。書《か》き出《だ》すことによって時間《じかん》がないと思《おも》っていた人《ひと》も、工夫次第《くふうしだい》で時間《じかん》は作《つく》り出《だ》せるものだということに気《き》が付《つ》く。時間《じかん》があれば何《なに》かをしたい、あるいは余裕《よゆう》がないのでできないと思《おも》っていたことが、本当《ほんとう》はそうではなかったと知《し》ることにもなる。

スケジュールを作《つく》っても、完全《かんぜん》に予定通《よていどお》りに行《い》くことはないが、理想《りそう》に近《ちか》づけようとの道《みち》しるべになる。時間《じかん》をよく使《つか》うためには、何《なに》が何《なん》でもしなくてはならないことや、どうしてもこれがしたいというものを持《も》つことだ。そこから初《はじ》めて、たとえ細切《こまぎ》れの時間《じかん》でも有効《ゆうこう》に使《つか》おうという切実感《せつじつかん》が生《う》まれてきて、時間《じかん》に対《たい》する考《かんが》え方《かた》が変《か》わってくるのではないかと思《おも》う。

スケジュールに従《したが》い時間《じかん》に縛《しば》られる生活《せいかつ》は、息苦《いきぐる》しくて耐《た》えられないという人《ひと》がいるかもしれない。私《わたし》の場合《ばあい》は時間《じかん》に追《お》われるのが嫌《いや》なのでどうすればいいかを考《かんが》え、時間《じかん》を意識《いしき》して生活《せいかつ》することで自分《じぶん》から時間《じかん》を追《お》えるようになりたいと思《おも》い、予定《よてい》を立《た》ててきた。原稿《げんこう》を書《か》くときなど、まだ余裕《よゆう》があると思《おも》い、ずるずる後回《あとまわ》しにして、締《し》め切《き》り日《び》が迫《せま》って来《き》て、慌《あわ》てて重《おも》い腰《こし》を上《あ》げる苦《にが》い経験《けいけん》の反省《はんせい》からでもある。

四十代《だい》の頃《ころ》、熱心《ねっしん》に英語《えいご》を勉強《べんきょう》していた時期《じき》がある。それに伴《ともな》い、勉強《べんきょう》の成果《せいか》を知《し》りたくて毎年《まいねん》一回《かい》、ＴＯＥＩＣ《トーイック》のテストを受《う》けていた。テストを受《う》けるにはそれなりの準備《じゅんび》をしなくてはならない。当時《とうじ》は年《ねん》に六回《かい》くらいテストがあり、時間的《じかんてき》に余裕《よゆう》のある時期《じき》を選《えら》んで、テストを申《もう》し込《こ》んだ。試験《しけん》一カ月前《げつまえ》になると、毎日一定《まいにちいってい》時間《じかん》を決《き》めて、模擬試験《もぎしけん》をした。まだ子供《こども》も家《いえ》にいて、家事《かじ》が今《いま》よりも忙《いそが》しい時期《じき》だった。そのため毎日勉強《まいにちべんきょう》する時間《じかん》を生《う》み出《だ》すのは、容易《ようい》ではなかった。それでもできたのは、自分《じぶん》でしようと決《き》めたことと、時間《じかん》をつくり出《だ》すための工夫《くふう》をして、努力《どりょく》したからだ。

この時身《ときみ》に付《つ》けた習慣《しゅうかん》は、その後《ご》の私《わたし》の生活《せいかつ》に少《すく》なからず影響《えいきょう》を与《あた》えている。どんなに忙《いそが》しい生活《せいかつ》の中《なか》でも、強《つよ》い気持《きも》ちがあれば、時間《じかん》は作《つく》り出《だ》せるものだということ、また目的《もくてき》がはっきりし、それが苦《くる》しさの中《なか》にも喜《よろこ》びにつながるものだと分《わ》かれば、努力《どりょく》が苦《く》にならないというものだ。

現在《げんざい》は、子《こ》どもも巣立《すだ》ち、夫《おっと》との二人暮《ふたりぐ》らしなので、在宅時《ざいたくじ》の昼間《ひるま》の時間《じかん》は自分《じぶん》の思《おも》い通《どお》りに過《す》ごすことができる。そうはいっても、多忙《たぼう》な日常《にちじょう》を過《す》ごしているので、朝起《あさお》きるとその日《ひ》のやりたいこと、しなくてはならないことを紙《かみ》に書《か》き出《だ》し、時間調整《じかんちょうせい》をするように心《こころ》がけている。

時間《じかん》を大切《たいせつ》に使《つか》うために、テレビはほとんど見《み》ないことにしている。中《なか》にはいい番組《ばんぐみ》もあるが、ただ漫然《まんぜん》とスイッチを入《い》れていると、視聴者《しちょうしゃ》を引《ひ》き付《つ》けようと作《つく》られているテレビのペースに流《なが》され、受《う》け身《み》の態勢《たいせい》で情報《じょうほう》を受《う》け取《と》ってしまう。自分《じぶん》で考《かんが》えることをしなくなるから、積極的《せっきょくてき》に自分《じぶん》の人生《じんせい》を生《い》きることにつながらない。自分《じぶん》の生活《せいかつ》を自分《じぶん》でデザインし、それに沿《そ》って生活《せいかつ》しようとする生《い》き方《かた》に反《はん》するからだ。

時間《じかん》の使《つか》い方《かた》は、年齢《ねんれい》によっても違《ちが》ってくる。人間《にんげん》は歳《とし》を重《かさ》ねると、考《かんが》え方《かた》が広《ひろ》く深《ふか》くなるものだ。それとともに、若《わか》い頃《ころ》とは価値観《かちかん》が変化《へんか》する。かつての私《わたし》は人《にん》間《げん》はある程度《ていど》の年齢《ねんれい》に達《たっ》すると、完成《かんせい》に近《ちか》づくのではないかと思《おも》っていたふしがある。けれども実際《じっさい》には、完成《かんせい》よりは自分《じぶん》の足《た》りないところがよく見《み》えてくるのが、年齢《ねんれい》を重《かさ》ねることではないかと思《おも》うようになった。だからうかうかしているわけにはいかない。

私《わたし》たちの生活《せいかつ》は、その人《ひと》それぞれの心《こころ》の習慣《しゅうかん》によって、決定《けってい》づけられる。だから自分《じぶん》のまわりの状況《じょうきょう》、出来事《できごと》などを客観的《きゃっかんてき》に見《み》ることにより、自分《じぶん》の心《こころ》の傾向《けいこう》を知《し》ることができる。謙虚《けんきょ》な心《こころ》で他《た》から学《まな》び、限《かぎ》られた時間《じかん》をよりよく使《つか》い、明《あか》るい生《い》きがいのある日々《ひび》を過《す》ごしたいと思《おも》う。

毎日《まいにち》がラッキー

ちょうどお昼頃《ひるごろ》だった。ホームセンターで花《はな》と培養土《ばいようど》を買《か》って、車《くるま》のトランクに入《い》れ、ドアを閉《し》めようと頭《あたま》を上《うえ》に向《む》けた時《とき》、視界《しかい》の端《はし》に何《なに》か光《ひか》るものを感《かん》じて空《そら》を見上《みあ》げた。最初虹《さいしょにじ》かと思《おも》ったが、よく見《み》ると中天《ちゅうてん》にある太陽《たいよう》を隠《かく》すように大《おお》きな円《えん》形《けい》の雲《くも》がかかり、周《まわ》りは太陽《たいよう》の光《ひかり》で縁取《ふちど》られ、光《ひか》っていた。円《まる》い雲《くも》の内側《うちがわ》は昼間《ひるま》にもかかわらず暗《くら》くて黒《くろ》っぽく、何《なに》か怖《こわ》い感《かん》じがした。

日食《にっしょく》がある話《はなし》は聞《き》いていないし、初《はじ》めての不思議《ふしぎ》な現象《げんしょう》を目《め》にして、地震《じしん》が起《お》こる前触《まえぶ》れに空《そら》が暗《くら》くなるという話《はなし》が頭《あたま》を過《よぎ》った。証拠《しょうこ》を残《のこ》さなくてはと、いつもバッグに入《い》れているデジタルカメラとスマートフォンを取《と》り出《だ》して写真《しゃしん》に収《おさ》めた。

真昼《まひる》の太陽《たいよう》に向《む》けて撮《と》るのは眩《まぶ》しくて、どこが円《えん》の境界《きょうかい》かわかり難《にく》い。この辺《あた》りだろうと当《あ》てずっぽうで、二十枚《まい》くらい撮《と》った。駐車場《ちゅうしゃじょう》にいる周《まわ》りの人《ひと》を見《み》ると、私以外誰《わたしいがいだれ》も空《そら》には注目《ちゅうもく》していない。私《わたし》もトランクを開《あ》けなければ、気《き》が付《つ》かなかったかもしれない。買《か》い物《もの》をしている時《とき》は、のんびり空《そら》など見《み》ずに、目的《もくてき》に集中《しゅうちゅう》しているのが普通《ふつう》だからだ。

その後《ご》、打《う》ち合《あ》わせの予定《よてい》があったので、生長《せいちょう》の家国際本部《いえこくさいほんぶ》の〝森《もり》の中《なか》のオフィス〟に向《む》かった。夫《おっと》に話《はなし》をして、写真《しゃしん》を見《み》せると「それ、ブロッケン現象《げんしょう》とかいうんじゃない」とすぐ調《しら》べてくれた。気象条件《きしょうじょうけん》によって、太陽《たいよう》の光《ひかり》が雲《くも》との関係《かんけい》で虹《にじ》になったり、日傘《ひがさ》のようになったりすることがあると説明《せつめい》してあった。ブロッケン現象《げんしょう》は、見《み》る人《ひと》の背後《はいご》から太陽《たいよう》の光《ひかり》がさして、その人《ひと》の影《かげ》の周《まわ》りに虹色《にじいろ》の光《ひかり》の輪《わ》となって現《あらわ》れる珍《めずら》しい気象現象《きしょうげんしょう》のようだ。大変荘厳《たいへんそうごん》な感《かん》じを受《う》けるので、後光《ごこう》を背負《せお》った人《ひと》の出現《しゅつげん》のように見《み》えるブロッケン現象《げんしょう》を、昔《むかし》は阿弥陀如来《あみだにょらい》の御来迎《ごらいごう》といって、吉兆《きっちょう》と尊《とうと》んだ。私《わたし》が目撃《もくげき》したのは、ブロッケン現象《げんしょう》ではなく、水平環《すいへいかん》とか日暈《ひがさ》

生長の家 森の中のオフィス
SEICHO-NO-IE Office in the Forest

といわれるものだった。日食《にっしょく》や月食《げっしょく》の場合《ばあい》、古代人《こだいじん》は神《かみ》の怒《いか》りの凶兆《きょうちょう》ととらえて、神鎮《かみしず》めの神事《しんじ》をしたことが記録《きろく》にある。

様々《さまざま》な自然現象《しぜんげんしょう》は、時《とき》に不思議《ふしぎ》な姿《すがた》を見《み》せるので、科学的知識《かがくてきちしき》がない場合《ばあい》、恐怖《きょうふ》の対象《たいしょう》になる。私《わたし》も水平環《すいへいかん》を見《み》た時《とき》、前述《ぜんじゅつ》したように怖《こわ》い印象《いんしょう》を受《う》けた。けれども調《しら》べれば、それがどのような原因《げんいん》で起《お》こったかわかるので、恐怖《きょうふ》ではなく、珍《めずら》しいものを見《み》ることができて、ラッキーだと思《おも》えた。

現代《げんだい》のように科学知識《かがくちしき》がない時代《じだい》の人《ひと》は、様々《さまざま》な自然現象《しぜんげんしょう》と自分《じぶん》の心《こころ》や行動《こうどう》を照《て》らし合《あ》わせて、反省《はんせい》したり喜《よろこ》んだりした。それを単純《たんじゅん》に無知《むち》から来《く》る行動《こうどう》と決《き》めつけるのは、現代人《げんだいじん》の傲慢《ごうまん》かもしれない。現代《げんだい》でも東日本大震災《ひがしにほんだいしんさい》の時《とき》、巨大津波《きょだいつなみ》が田《た》畑《はた》や建物《たてもの》、道路《どうろ》、橋《はし》などを呑《の》み込《こ》んでいくのを見《み》て、自分《じぶん》たちのそれまでの生《い》き方《かた》が間違《まちが》っていたのではないかと省《かえり》みた人《ひと》も多《おお》かったと思《おも》う。それは私《わたし》たちの奥底《おくそこ》の心《こころ》・良心《りょうしん》が、自分《じぶん》の言動《げんどう》に対《たい》して常《つね》に客観的《きゃっかんてき》な判断《はんだん》を下《くだ》している証拠《しょうこ》でもある。

水平環《すいへいかん》を見《み》た日《ひ》の午後《ごご》、私《わたし》のところに岐阜《ぎふ》の信徒《しんと》の方《かた》から朴《ほお》の葉《は》が届《とど》けられた。

それを手《て》にして、今日《きょう》は不思議《ふしぎ》な日《ひ》だと感《かん》じた。というのは朝《あさ》、夫《おっと》のお弁当《べんとう》に中華《ちゅうか》粽《ちまき》を作《つく》ったが、粽《ちまき》を包《つつ》むのに朴《ほお》の葉《は》が家《いえ》の周辺《しゅうへん》にあればいいと、私《わたし》は夫《おっと》に話《はな》し、岐《ぎ》阜県《ふけん》で、朴葉《ほおば》を料理《りょうり》に使《つか》うことを思《おも》い出《だ》していたのだ。私《わたし》の願《ねが》いを察知《さっち》したように、朴葉《ほおば》がやってきた。

私《わたし》たちの住《す》む世界《せかい》は、物質《ぶっしつ》でできているように見《み》えるが、その元《もと》となるのは心《こころ》である。心《こころ》で思《おも》ったことは離《はな》れていても関係《かんけい》する相手《あいて》に伝《つた》わるから、私《わたし》に朴葉《ほおば》を送《おく》ってくださった人《ひと》の思《おも》いが私《わたし》に感《かん》じられて、私《わたし》が朴葉《ほおば》の事《こと》を思《おも》い浮《う》かべたのかもしれない。思《おも》いの強弱《きょうじゃく》により、また感受性《かんじゅせい》の強《つよ》さや弱《よわ》さに関係《かんけい》して、伝《つた》わり方《かた》や感《かん》じ方《かた》は違《ちが》うが、私《わたし》たちの住《す》む世界《せかい》は、人《ひと》の心《こころ》、想念《そうねん》がお互《たが》いに影響《えいきょう》し合《あ》い、類似《るいじ》の世界《せかい》を創造《そうぞう》していく。

ふと思《おも》ったことが実現《じつげん》すると、良《よ》い日《ひ》、特別《とくべつ》な日《ひ》と思《おも》うことがある。けれども本《ほん》当《とう》は、何《なん》の変哲《へんてつ》もない平凡《へいぼん》と思《おも》っている毎日《まいにち》も、願《ねが》いや希望実現《きぼうじつげん》の連続《れんぞく》の中《なか》にある。それには潜在意識《せんざいいしき》が大《おお》きく関係《かんけい》している。「ご飯《はん》を食《た》べる」「洋服《ようふく》を着《き》る」などというのは、当《あ》たり前《まえ》に毎日実現《まいにちじつげん》していることなので意識《いしき》しないが、潜在意識《せんざいいしき》で願《ねが》っていることだ。

「朴葉《ほおば》があれば」と思《おも》ったが実際《じっさい》にはなかったので、私《わたし》は思《おも》いを巡《めぐ》らせ、おにぎりを包《つつ》むのに買《か》ってあった経木《きょうぎ》があるのに気《き》が付《つ》いた。経木《きょうぎ》に包《つつ》んで蒸《む》すと、見《み》た目《め》も良《よ》く、上手《うま》くできた。「これでなくては」「これが良《よ》い」と自分《じぶん》の思《おも》いに執着《しゅうちゃく》すると不自由《ふじゆう》であるが、身近《みぢか》にあるものを自由《じゆう》な発想《はっそう》で考《かんが》えれば、願《ねが》いは何時《いつ》も叶《かな》うものだ。

経木《きょうぎ》を使《つか》ったから、送《おく》っていただいた朴葉《ほおば》は無駄《むだ》になったかというと、そんなことはなく、私《わたし》に新《あら》たな食《しょく》の世界《せかい》を開《ひら》いてくれた。「朴葉《ほおば》ずし」を作《つく》ったのだ。岐阜《ぎふ》地方《ちほう》では春《はる》の朴葉《ほおば》の季節《きせつ》に朴葉《ほおば》ずしを作《つく》る習慣《しゅうかん》がある。折角送《せっかくおく》っていただいたので、挑戦《ちょうせん》してみようと、料理本《りょうりぼん》などを調《しら》べた。

朴葉《ほおば》ずしは一種《いっしゅ》の熟《な》れ寿司《ずし》で、柿《かき》の葉寿司《はずし》のように、すし飯《めし》の上《うえ》に酢締《すじ》めした魚《さかな》や季節《きせつ》のフキ、シイタケ、錦糸卵《きんしたまご》、紅《べに》ショウガ、つくだ煮《に》などを載《の》せて、朴《ほお》の葉《は》に包《つつ》み、一日《にち》くらい寝《ね》かせてからいただく。今《いま》では簡単《かんたん》にツナなど載《の》せることもあるそうだ。朴《ほお》の葉《は》の香《かお》りがすし飯《めし》に移《うつ》って、見《み》た目《め》も華《はな》やかでおいしいお寿司《すし》ができ、夫《おっと》にも好評《こうひょう》だった。季節《きせつ》の自然素材《しぜんそざい》を使《つか》って美《うつく》しい料理《りょうり》を作《つく》る食文化《しょくぶんか》に、尊敬《そんけい》の念《ねん》を持《も》った。

毎日《まいにち》を特別《とくべつ》の日《ひ》、ラッキーな日《ひ》とするには、柔軟《じゅうなん》な心《こころ》と、与《あた》えられたものに感謝《かんしゃ》して生《い》かすことが必要《ひつよう》だと、改《あらた》めて思《おも》ったのだった。

与《あた》えられた場《ば》で

人《ひと》は皆《みな》、基本的《きほんてき》に自分《じぶん》らしく生《い》きたいと思《おも》っている。けれども、自信《じしん》を持《も》って、「私《わたし》は私《わたし》」と誰《だれ》もが言《い》い切《き》れるかというと、そうでもない。人《ひと》とは比《くら》べられない、自分《じぶん》の人生《じんせい》を生《い》きているとはっきり自覚《じかく》している人《ひと》は、そんなに多《おお》くないかもしれない。けれども、翻《ひるがえ》って考《かんが》えれば、どの人《ひと》の人生《じんせい》も個性的《こせいてき》で、人《ひと》とは比《くら》べられない独特《どくとく》のものがある。生《う》まれた時《とき》からみんな異《こと》なる環境《かんきょう》で成長《せいちょう》し、身体的特徴《しんたいてきとくちょう》も顔《かお》立《だ》ちも違《ちが》う。だから、全《すべ》ての人《ひと》がその人《ひと》でなくてはならない人生《じんせい》を歩《あゆ》んでいると言《い》えるのである。同《おな》じ人生《じんせい》などどこにもなく、人《ひと》は皆特別《みなとくべつ》だ。

ところが、社会的《しゃかいてき》に成功《せいこう》した人《ひと》や、脚光《きゃっこう》を浴《あ》びる何《なに》かを成《な》し遂《と》げた人《ひと》などが特別《とくべつ》の存在《そんざい》として、多《おお》くの人《ひと》の注目《ちゅうもく》を集《あつ》める。この世《よ》には特別《とくべつ》に素晴《すば》らしい人生《じんせい》を歩《あゆ》んでいる人《ひと》がいて、そのような生《い》き方《かた》は称賛《しょうさん》に値《あたい》するが、その他大勢《たおおぜい》の人生《じんせい》は平凡《へいぼん》で詰《つま》らないと考《かんが》えるのだ。このような見方《みかた》が、自分《じぶん》の人生《じんせい》をそのまま受《う》け入《い》れて、与《あた》えられた場所《ばしょ》や役割《やくわり》の中《なか》で最善《さいぜん》を尽《つ》くそうと努力《どりょく》することを妨《さまた》げる。

私《わたし》自身《じしん》はどうだったかというと、努力《どりょく》することは、すばらしいことであり、必《かなら》ず良《よ》い結果《けっか》が得《え》られると信《しん》じて生《い》きてきた。だから、何《なに》かはっきりした目的《もくてき》や希望《きぼう》があると、そのためには懸命《けんめい》に努力《どりょく》することができた。ところが、それが達《たっ》せられると、何《なん》となく安心《あんしん》してしまって、気《き》を抜《ぬ》いてしまうところがある。このような傾《けい》向《こう》は、多《おお》かれ少《すく》なかれ、多《おお》くの人《ひと》にあるのではないかと思《おも》う。その反面《はんめん》、いつも真《しん》剣《けん》に何《なに》かに打《う》ち込《こ》めることは良《よ》いことだという考《かんが》えは何時《いつ》もあった。そして自分《じぶん》なりに、毎日《まいにち》を懸命《けんめい》に生《い》きてきたつもりであるが、その内容《ないよう》が若《わか》い頃《ころ》とは少《すこ》しずつ変《か》わってきた。

自分《じぶん》の人生《じんせい》は、自分《じぶん》の心《こころ》によってつくられ、自分《じぶん》の心《こころ》を変《か》えていく以外《いがい》に、人生《じんせい》を好転《こうてん》させることはできないという厳然《げんぜん》とした事実《じじつ》をより深《ふか》く、切実《せつじつ》な問題《もんだい》として意識《いしき》するようになったからだ。これは私《わたし》が生長《せいちょう》の家《いえ》の講習会《こうしゅうかい》で、いつも強調《きょうちょう》していることである。

どんなときにも自分自身《じぶんじしん》と向《む》き合《あ》い、努力《どりょく》を惜《お》しまない生活《せいかつ》が、人《ひと》と比《くら》べることのない自分《じぶん》の人生《じんせい》を送《おく》ることにつながる。この努力《どりょく》を惜《お》しまないということも、何《なに》事《ごと》も一所懸命《いっしょけんめい》にするというだけでなく、その時《とき》の気持《きも》ちがどうであるかが大切《たいせつ》だ。自分《じぶん》に与《あた》えられた環境《かんきょう》や、家族《かぞく》をはじめ周《まわ》りの多《おお》くの人々《ひとびと》への感謝《かんしゃ》の思《おも》いを、心《こころ》の基本《きほん》に置《お》くのである。どんなに懸命《けんめい》に生《い》きていても、心《こころ》の中《なか》に不満《ふまん》や怒《いか》り、憎《にく》しみなどがあると、物事《ものごと》はうまくいかないからだ。

自分《じぶん》の人生《じんせい》の責任《せきにん》は自分《じぶん》にはなく、環境《かんきょう》や運命《うんめい》というようなものに支配《しはい》されると考《かんが》えていると、このような生《い》き方《かた》はできない。人生《じんせい》の主人公《しゅじんこう》は自分《じぶん》だということを常《つね》に意識《いしき》し、その事《こと》を頭《あたま》で理論的《りろんてき》に理解《りかい》するだけでなく、心《こころ》の底《そこ》から納得《なっとく》でき、腑《ふ》に落《お》ちるまで、知識《ちしき》を積《つ》み重《かさ》ねていくことだ。知識《ちしき》が当《あ》たり前《まえ》の行動《こうどう》として習慣化《しゅうかんか》するには、それなりの時間《じかん》が必要《ひつよう》なのである。

また人《ひと》にはどの人《ひと》にも、その人《ひと》でなければならない特別《とくべつ》の使命《しめい》が与《あた》えられている。それを信《しん》じることである。その上《うえ》で自分《じぶん》のできる事《こと》、得意《とくい》なこと、興味《きょうみ》のあることなどを懸命《けんめい》に努力《どりょく》してやっていくことにより、その人《ひと》らしく、その人《ひと》でなければならないきらりと光《ひか》るものが現《あらわ》れてくるに違《ちが》いない。人《ひと》は皆《みな》、掛《か》けがえのない特別《とくべつ》な存在《そんざい》であると知《し》り、そのように自分《じぶん》の周《まわ》りの人《ひと》を見《み》ると、その多様性《たようせい》に驚《おどろ》きと感謝《かんしゃ》の思《おも》いが湧《わ》き、限《かぎ》りない恵《めぐ》みを感《かん》じる。その現《あらわ》れ方《かた》には、遅《おそ》い早《はや》いがあり、若《わか》い頃《ころ》から個性《こせい》がはっきりして、その人《ひと》の得意分野《とくいぶんや》で大《おお》いに活躍《かつやく》している人《ひと》もいる。

一方《いっぽう》で普通《ふつう》の家庭《かてい》の主婦《しゅふ》として、平凡《へいぼん》に生《い》きていると自他共《じたとも》に認《みと》める場合《ばあい》もあるだろう。たとえ外《そと》からそのように見《み》えたとしても、平凡《へいぼん》な人生《じんせい》などなく、その人《ひと》を取《と》り巻《ま》く人間関係《にんげんかんけい》や、歩《あゆ》んできた道《みち》は誰《だれ》かと同《おな》じことは絶対《ぜったい》になく、非凡《ひぼん》なのである。その人生《じんせい》を実《みの》りある、生《い》きがいのあるものにするためには、自分《じぶん》の殻《から》に閉《と》じこもらず、人《ひと》のために行動《こうどう》することだ。

人《ひと》が生《い》き甲斐《がい》を感《かん》じ、喜《よろこ》べるのは、自分《じぶん》の人生《じんせい》が周《まわ》りの誰《だれ》か、あるいは社会《しゃかい》のために役《やく》に立《た》っているという実感《じっかん》が得《え》られるときである。ある女性《じょせい》は自宅近《じたくちか》くのバス停《てい》を、いつもきれいに掃除《そうじ》することを日課《にっか》にしている。また別《べつ》の人《ひと》は、ミシン仕事《しごと》が得意《とくい》なので、雑巾《ぞうきん》を縫《ぬ》って、神社《じんじゃ》やお寺《てら》の清掃《せいそう》に使《つか》ってもらっているという話《はなし》を聞《き》いた。そんな時間《じかん》が取《と》れない人《ひと》でも、自分《じぶん》の収入《しゅうにゅう》の一部《いちぶ》を社会《しゃかい》に還元《かんげん》するということもできる。これはたとえ少額《しょうがく》であっても、人《ひと》のためになっているという心《こころ》の余《よ》裕《ゆう》が持《も》てる。

今世界中《いませかいじゅう》で、大《おお》きな格差《かくさ》が生《う》まれている。日本《にっぽん》でも子供《こども》の貧困問題《ひんこんもんだい》や、一人暮《ひとりぐ》らしのお年寄《としよ》りの困窮《こんきゅう》なども社会問題《しゃかいもんだい》になっている。どんな人《ひと》も人《ひと》や社会《しゃかい》から大《おお》いなる恩恵《おんけい》を受《う》けて生《い》きている。だから、たとえ少《すこ》しであっても、社会《しゃかい》のためにできることを還元《かんげん》しようという考《かんが》えが多《おお》くの人《ひと》に共有《きょうゆう》されれば、平和《へいわ》な社会《しゃかい》の実現《じつげん》に繋《つな》がる。そんな生《い》き方《かた》はその人自身《ひとじしん》の喜《よろこ》びになり、その人《ひと》でなくてはならない、自信《じしん》にあふれたものとなる。人《ひと》は良《よ》いことをして、前向《まえむ》きに生《い》きていると、幸《しあわ》せを実感《じっかん》できるのだ。

今《いま》を生《い》きる

「できるだけのことはしたから、後《あと》はもう天《てん》に任《まか》せる」

そんな必死《ひっし》の思《おも》いで、高校受験《こうこうじゅけん》に臨《のぞ》んだことが懐《なつ》かしい。

中学校《ちゅうがっこう》の担任《たんにん》の先生《せんせい》は、難関校受験《なんかんこうじゅけん》を無理《むり》だとは言《い》わなかった。けれども、「合《ごう》格《かく》しても、入《はい》ってから厳《きび》しい競争《きょうそう》にさらされて大変《たいへん》だよ」と言《い》った。それよりは一ランク下《した》の高校《こうこう》にすれば、悠々《ゆうゆう》とトップクラスで高校生活《こうこうせいかつ》を楽《たの》しめると助言《じょげん》した。説得力《せっとくりょく》のあるもっともな進路指導《しんろしどう》に、私《わたし》も納得《なっとく》して、先生《せんせい》の勧《すす》めに従《したが》うことにした。

それから二、三日後《にちご》、同級生《どうきゅうせい》の男子生徒《だんしせいと》から話《はなし》があると呼《よ》ばれた。私《わたし》の受験先《じゅけんさき》を耳《みみ》にしたらしく、「どうして、I高《こう》をめざさないのか？　将来《しょうらい》の夢《ゆめ》はないのか？」

と言《い》われた。彼《かれ》とは特《とく》に親《した》しい間柄《あいだがら》ではなかった。小学校《しょうがっこう》の時《とき》、彼《かれ》は体《からだ》が大《おお》きくていじめっ子《こ》だった。私《わたし》はそのいじめっ子《こ》を、懲《こ》らしめたらしい。母《はは》が授業参観《じゅぎょうさんかん》のあとの面談《めんだん》で、先生《せんせい》から聞《き》いたと話《はな》してくれた。通信簿《つうしんぼ》に先生《せんせい》のコメントを書《か》く欄《らん》があり、そこにも「相手《あいて》が男《おとこ》の子《こ》でも、正《ただ》しさを主張《しゅちょう》して、頼《たの》もしく思《おも》います」と書《か》いてあった。私《わたし》はあまり記憶《きおく》にないが、かなりお転婆《てんば》だったようだ。

そのいじめっ子《こ》は、よく勉強《べんきょう》する中学生《ちゅうがくせい》になっていた。小学校《しょうがっこう》のときは、一緒《いっしょ》に遊《あそ》んだこともあったが、中学生《ちゅうがくせい》になってからはクラスも違《ちが》い、話《はなし》をすることもなかった。それがどうして突然《とつぜん》、私《わたし》の進路《しんろ》について話《はなし》をしてきたのか、不思議《ふしぎ》に思《おも》った。彼《かれ》の言《い》い分《ぶん》は、「君《きみ》に負《ま》けられないと、懸命《けんめい》に勉強《べんきょう》してきたのに、I高受験《こうじゅけん》をやめるのはどういうことだ」というものだった。当時《とうじ》はよく分《わ》からなかったが、彼《かれ》は私《わたし》に好意《こうい》を持《も》っていて、多分私《たぶんわたし》が行《い》くと思《おも》われる高校《こうこう》に自分《じぶん》も行《い》こうと、熱心《ねっしん》に勉強《べんきょう》していたのかもしれない。

そのようなことに思《おも》いは及《およ》ばなかったが、彼《かれ》の言葉《ことば》は私《わたし》を動揺《どうよう》させた。私《わたし》には心《こころ》に強《つよ》く決《き》めた夢《ゆめ》があった。その夢《ゆめ》を実現《じつげん》したいならば、Ｉ高《こう》で熱心《ねっしん》に勉強《べんきょう》しなければ叶《かな》わないのだ。にもかかわらず、先生《せんせい》の助言《じょげん》に従《したが》って、安易《あんい》な道《みち》を選《えら》ぼうとしていた自分《じぶん》の思慮《しりょ》の甘《あま》さを、彼《かれ》が教《おし》えてくれた。生《い》きる姿勢《しせい》として、彼《かれ》の言《い》うことは正論《せいろん》だと思《おも》った。

　私《わたし》は先生《せんせい》との面談《めんだん》で選択《せんたく》した受験先《じゅけんさき》を、変更《へんこう》しようと決《き》めた。職員室《しょくいんしつ》に行《い》って、「私《わたし》は、大変《たいへん》でもＩ高《こう》を受験《じゅけん》します」と先生《せんせい》に宣言《せんげん》した。職員室《しょくいんしつ》には他《た》の先生《せんせい》もいて、私《わたし》の行動《こうどう》は先生全員《せんせいぜんいん》の知《し》るところとなった。二年生《ねんせい》の時担任《ときたんにん》だった先生《せんせい》からも、「職員室《しょくいんしつ》で、宣言《せんげん》したらしいね」などといわれた。もう後《あと》には引《ひ》けない。何《なに》が何《なん》でも合格《ごうかく》しなければと、背水《はいすい》の陣《じん》を敷《し》いたような気持《きも》ちになった。

　それからの私《わたし》は、学校《がっこう》から家《いえ》に帰《かえ》るとすぐに勉強《べんきょう》を始《はじ》め、毎日《まいにち》七、八時間勉強《じかんべんきょう》した。言葉《ことば》に出《だ》して、はっきり宣言《せんげん》したので、迷《まよ》うことなく集中《しゅうちゅう》して勉強《べんきょう》に取《と》り組《く》めた。それまで経験《けいけん》したことのない熱心《ねっしん》さで勉強《べんきょう》できる自分《じぶん》が不思議《ふしぎ》でもあり、うれしくもあった。そして、Ｉ高《こう》に合格《ごうかく》した。その後《ご》、幼《おさな》い時《とき》からの夢《ゆめ》も実現《じつげん》したの

今を生きる

だった。

この時《とき》の、目的《もくてき》に対《たい》して脇目《わきめ》も振《ふ》らず取《と》り組《く》めた経験《けいけん》は自信《じしん》となり、その後《ご》の人生《じんせい》で、未知《みち》なものや困難《こんなん》に挑戦《ちょうせん》するとき、大《おお》きな支《ささ》えになった。また、何《なに》かをしようと決《き》めたら、退路《たいろ》を断《た》って取《と》り組《く》むことが、成功《せいこう》の秘訣《ひけつ》であることも学《まな》んだ。

人《ひと》には誰《だれ》でも、「どうしてもこれがしたい」あるいは「これが好《す》きだ」というものがあるはずだ。けれども、それに向《む》かって熱心《ねっしん》に取《と》り組《く》める場合《ばあい》と、「できないかもしれない」「失敗《しっぱい》するかもしれない」「面倒《めんどう》だ」などと思《おも》い、諦《あきら》めたり、行動《こうどう》を躊躇《ちゅうちょ》することもある。

未知《みち》の何《なに》かを始《はじ》めることは、勇気《ゆうき》がいる。また、慣《な》れ親《した》しんだ環境《かんきょう》は心地《ここち》よく、今《いま》まで通《どお》りの生活《せいかつ》は、やり易《やす》い。受験《じゅけん》のように大《おお》きな事柄《ことがら》でなくても、毎日《まいにち》の生活《せいかつ》にも、一歩《ぽ》踏《ふ》み出《だ》す、あるいは少《すこ》し手間《てま》をかけようと思《おも》うことは沢山《たくさん》ある。けれども、それらはしなくても、何《なん》ら問題《もんだい》ないことも多《おお》い。するしないは、結局《けっきょく》本人《ほんにん》の心《こころ》の問題《もんだい》だ。

今《いま》の私《わたし》には若《わか》い頃《ころ》のように、受験《じゅけん》や就職《しゅうしょく》、結婚《けっこん》などという人生《じんせい》を決《けっ》するような重《じゅう》大事《だいじ》はあまりない。一方《いっぽう》、毎日《まいにち》の生活《せいかつ》の中《なか》で、自分《じぶん》を甘《あま》やかさず、何《なに》かをしようと思《おも》うことは常《つね》にある。それは例《たと》えば、新《あたら》しいメニューに挑戦《ちょうせん》しようとか、手作《てづく》り品《ひん》を作《つく》ろうなどというものだ。面倒《めんどう》といえば面倒《めんどう》で時間《じかん》と労力《ろうりょく》を要《よう》する。けれども自《じ》分《ぶん》の中《なか》から出《で》てきた、ささやかではあっても、前《まえ》に進《すす》もう、成長《せいちょう》しようとする心《こころ》に忠実《ちゅうじつ》に生《い》きようと努《つと》めている。思《おも》い通《どお》りにできないこともよくあるが、それは仕《し》方《かた》がないことと諦《あきら》めてまた挑戦《ちょうせん》する。そんなことの繰《く》り返《かえ》しの中《なか》から、人《ひと》は少《すこ》しずつ成長《せいちょう》し、進歩《しんぽ》を見《み》ることができるのだと思《おも》っている。

「安易《あんい》な道《みち》を選《えら》ばない」

自分《じぶん》でも潔《いさぎよ》かったと思《おも》う高校受験《こうこうじゅけん》の時《とき》の決意《けつい》に導《みちび》かれて、今《いま》の理想《りそう》を生《い》きる。その一瞬《いっしゅん》に何《なに》をするか、何《なに》を思《おも》うかが、やがてその人《ひと》の人生《じんせい》を形作《かたちづく》っていく。だから、一瞬一瞬《いっしゅんいっしゅん》の行動《こうどう》、思《おも》いがいかに大切《たいせつ》かを心《こころ》に強《つよ》く刻《きざ》んで、明《あか》るく軽《かろ》やかに生《い》きていきたい。

第4章

神《かみ》からのメッセージ

心《こころ》の軌道修正《きどうしゅうせい》

「朝《あさ》の時間《じかん》を生《い》かせ」

生長《せいちょう》の家創始者《いえそうししゃ》・谷口雅春先生《たにぐちまさはるせんせい》は、このような言葉《ことば》で朝《あさ》の時間《じかん》の大切《たいせつ》さを強調《きょうちょう》された。先生《せんせい》は四百冊以上《さついじょう》の著書《ちょしょ》を残《のこ》されたが、それらの執筆《しっぴつ》も朝《あさ》の時間《じかん》を有効《ゆうこう》に使《つか》うことによって可能《かのう》になったといわれた。

私《わたし》たちの脳《のう》には、昼間《ひるま》の様々《さまざま》な活動《かつどう》を通《とお》して経験《けいけん》したこと、感《かん》じたこと、思《おも》ったことなどが、沢山《たくさん》詰《つ》め込《こ》まれている。それらを夜十分《よるじゅうぶん》な睡眠《すいみん》で脳《のう》を休《やす》めることによって、新《あら》たにしている。眠《ねむ》っている間《あいだ》に脳《のう》を休《やす》めているといったが、脳《のう》は何《なん》の活《かつ》動《どう》もしないわけではない。昼間《ひるま》の様々《さまざま》な経験《けいけん》、時《とき》には怒《いか》りや悲《かな》しみなども含《ふく》めた沢《たく》山《さん》の思《おも》いを、寝《ね》ている間《あいだ》に整理《せいり》し、和《やわ》らげる働《はたら》きも睡眠中《すいみんちゅう》にはしているということだ。だから、多《おお》くの人《ひと》は朝起《あさお》きた時《とき》、前日《ぜんじつ》の心《こころ》の重荷《おもに》や葛藤《かっとう》が和《やわ》らいで感《かん》じられ、人《ひと》によっては忘《わす》れてしまって、さわやかな気持《きも》ちになっている。そのような睡眠《すいみん》と脳《のう》の関係《かんけい》を知《し》ると、朝《あさ》の時間《じかん》の特徴《とくちょう》が分《わ》かり、有効《ゆうこう》に使《つか》うことの意味《いみ》が理解《りかい》できるだろう。朝《あさ》の時間《じかん》をどのように使《つか》うかで、その人《ひと》の一日《にち》が左右《さゆう》されるし、その積《つ》み重《かさ》ねである人生《じんせい》も大《おお》きく変《か》わってくる。

私《わたし》の一日《にち》は朝五時《あさじ》に始《はじ》まる。前日《ぜんじつ》どんなに遅《おそ》くても、この時間《じかん》は変《か》わらない。たまに仕事《しごと》が詰《つ》まっていたりして、ベッドに入《はい》るのが十二時近《じちか》くになることもあるが、そのような日《ひ》でも起《お》きる時間《じかん》に変《か》わりはない。そんな日《ひ》は寝不足《ねぶそく》で昼間眠《ひるまねむ》くなり、早《はや》く寝《ね》ることの大切《たいせつ》さを身《み》をもって感《かん》じるのだ。だから遅《おそ》くとも十一時《じ》には寝《ね》ようと努力《どりょく》している。遅《おそ》く寝《ね》たから、朝《あさ》はゆっくり起《お》きることをしていると、その時《とき》の状況《じょうきょう》によって、起《お》きる時間《じかん》がまちまちになり、生活《せいかつ》のペースが乱《みだ》れる。結果《けっか》として、朝《あさ》の時間《じかん》を生《い》かすことができなくなるのだ。

起床時間《きしょうじかん》を決《き》めると、一日《にち》の予定《よてい》が立《た》てやすく、生活《せいかつ》のリズムが自《おの》ずと整《ととの》ってくる。私《わたし》の家《いえ》の目覚《めざ》ましは五時《じ》にセットしてあって、その時間《じかん》になると目覚《めざ》ましが鳴《な》る前《まえ》に自然《しぜん》に目《め》が覚《さ》める。習慣《しゅうかん》によって体内時計《たいないどけい》がセットされているからだろう。そんなに早《はや》く起《お》きて何《なに》をするのかと思《おも》われるかもしれない。

まず起《お》きるとすぐベッドの上《うえ》で、「神想観《しんそうかん》」という生長《せいちょう》の家《いえ》がお勧《すす》めしている瞑《めい》想《そう》をする。朝目覚《あさめざ》めた直後《ちょくご》の心《こころ》の状態《じょうたい》を生《い》かして、私《わたし》たちの潜在意識《せんざいいしき》を良《よ》い方向《ほうこう》、善《ぜん》なる方向《ほうこう》に習慣《しゅうかん》づけるための瞑想《めいそう》である。この時間《じかん》は心《こころ》がまだ完全《かんぜん》に目覚《めざ》めていないので、日常《にちじょう》の様々《さまざま》なことがらから離《はな》れて、人間《にんげん》や世界《せかい》の真実《しんじつ》の姿《すがた》を心《こころ》に強《つよ》く印象付《いんしょうづ》けることに最適《さいてき》なのだ。心《こころ》に皺《しわ》のない状態《じょうたい》は、新《あたら》しい良《よ》い習慣《しゅうかん》をつけるのに有効《ゆうこう》である。

私《わたし》たちは毎日《まいにち》の一瞬一瞬《いっしゅんいっしゅん》を、自分《じぶん》の意志《いし》によって「こうしよう」と決《き》め、生活《せいかつ》していると思《おも》っているかもしれない。けれども、ほとんどの時間《じかん》は自分自身《じぶんじしん》のこれまでの習慣《しゅうかん》によって、無意識《むいしき》のうちに様々《さまざま》なことを思《おも》ったり、行《おこな》ったりしているのだ。この習慣《しゅうかん》には、良《よ》い習慣《しゅうかん》もあれば、悪《わる》い習慣《しゅうかん》もある。人生《じんせい》に不幸《ふこう》や悩《なや》みが起《お》こるのは、悪《わる》い習慣《しゅうかん》の影響《えいきょう》が大《おお》きい。人生《じんせい》を好転《こうてん》させたいと思《おも》っている人《ひと》は、普段《ふだん》は自動運転《じどううんてん》のような状態《じょうたい》になっている心《こころ》を、希望《きぼう》の方向《ほうこう》に、善《ぜん》なる方向《ほうこう》に意識的《いしきてき》に転《てん》換《かん》する必要《ひつよう》がある。

　自分《じぶん》では生活《せいかつ》を改善《かいぜん》したい、こうありたいと願《ねが》っても、中々《なかなか》思《おも》うようにいかないのが現実《げんじつ》の生活《せいかつ》だ。それは、意識《いしき》して自分《じぶん》の潜在意識《せんざいいしき》を変《か》えようとの努力《どりょく》があまりなされていないからだ。朝《あさ》の瞑想《めいそう》は、そのような心《こころ》の習慣《しゅうかん》を毎日軌道修正《まいにちきどうしゅうせい》するものだから、人生《じんせい》を有意義《ゆういぎ》に楽《たの》しく生《い》きたいと思《おも》う人《ひと》には、是非《ぜひ》お勧《すす》めしたいことである。

　瞑想《めいそう》が終《お》わると六時《じ》まで三十分《ぷん》くらいの時間《じかん》を原稿《げんこう》などを書《か》く時間《じかん》に充《あ》てている。原稿《げんこう》を書《か》くのは人《ひと》が寝静《ねしず》まった夜《よる》や深夜《しんや》が良《よ》いという人《ひと》もいる。人《ひと》それぞれであるが、私《わたし》の場合《ばあい》は朝《あさ》の清々《すがすが》しい時間《じかん》に原稿《げんこう》を書《か》くと、新鮮《しんせん》な気持《きも》ちで新《あら》たな発想《はっそう》も生《う》まれてくる。夜《よる》のように一日《にち》の様々《さまざま》な出来事《できごと》が整理《せいり》されないまま頭《あたま》の中《なか》に残《のこ》っていることもないので、とても効率《こうりつ》がよく、朝《あさ》の時間《じかん》を外《はず》すことはできない。このようにしてたとえ三十分《ぷん》でも、それを毎日続《まいにちつづ》けると、かなり充実《じゅうじつ》したことができる。この時間《じかん》に絵手紙《えてがみ》を描《か》くこともある。

けれどもどんなにその時間《じかん》が建設的《けんせつてき》でも、六時《じ》になったら止《や》めなくてはいけない。それがまた朝《あさ》の時間《じかん》の特徴《とくちょう》で、夜《よる》のようにだらだらできない良《よ》い点《てん》だ。六時《じ》から朝《ちょう》食《しょく》の準備《じゅんび》や朝《あさ》の体操《たいそう》をして、六時半過《じはんす》ぎから朝《あさ》のお参《まい》りである。神棚《かみだな》の前《まえ》で生長《せいちょう》の家《いえ》のお経《きょう》を読《よ》む。このお経《きょう》は、人間《にんげん》や世界《せかい》の本質《ほんしつ》は何《なん》であるかを理論的《りろんてき》に理解《りかい》できるように書《か》かれていて、また詩文《しぶん》のリズムから世界《せかい》の真実《しんじつ》の姿《すがた》を感覚的《かんかくてき》にも捉《とら》えることができる内容《ないよう》だ。瞑想《めいそう》によって人間《にんげん》の善性《ぜんせい》や世界《せかい》の本当《ほんとう》の姿《すがた》を感情的《かんじょうてき》に心《こころ》に強《つよ》く印象付《いんしょうづ》け、お経《きょう》を読《よ》むことによって、理論的《りろんてき》にも頭《あたま》で納得《なっとく》するのである。これが終《お》わると、大体《だいたい》七時《じ》になっていて、それから朝食《ちょうしょく》をいただく。

このように改《あらた》めて書《か》くと、私《わたし》の朝起《あさお》きて朝食《ちょうしょく》までの二時間《じかん》は、自分《じぶん》の生活《せいかつ》を整《ととの》え、望《のぞ》む方向《ほうこう》に向《む》ける大切《たいせつ》な役目《やくめ》をしていることがわかる。私《わたし》の場合《ばあい》は、子育《こそだ》ても終《お》わり夫《おっと》との二人《ふたり》暮《ぐ》らしなので、朝《あさ》の時間《じかん》が使《つか》いやすい。人《ひと》によっては子育《こそだ》て真《ま》っ最《さい》中《ちゅう》だったり、介護《かいご》をされている人《ひと》もいるだろう。それぞれの人《ひと》が自分《じぶん》の生活《せいかつ》に合《あ》った朝《あさ》の時間《じかん》の生《い》かし方《かた》を見出《みいだ》し、実践《じっせん》されることをお勧《すす》めしたい。

トンネルを抜《ぬ》ける

生長《せいちょう》の家《いえ》は一九三〇年《ねん》（昭和《しょうわ》五年《ねん》）三月一日《がっついたち》に『生長《せいちょう》の家《いえ》』という雑誌《ざっし》が創刊《そうかん》されたことを記念《きねん》して、この日《ひ》を立教《りっきょう》の日《ひ》としている。創始者《そうししゃ》の谷口雅春先生《たにぐちまさはるせんせい》は、その創刊号《そうかんごう》で、「日時計主義《ひどけいしゅぎ》」について書《か》かれた。

日時計《ひどけい》というのは、太陽《たいよう》の照《て》っている時《とき》だけ時間《じかん》を示《しめ》す時計《とけい》である。屋外《おくがい》の公園《こうえん》などで、日時計《ひどけい》を見《み》た方《かた》もおられるのではないかと思《おも》うが、曇《くも》りや雨《あめ》の日《ひ》には、時《と》計《けい》の影《かげ》ができないので、時間《じかん》を知《し》ることができない。

私《わたし》たちの日常《にちじょう》には、良《よ》いことや悪《わる》いこと、楽《たの》しい時間《じかん》や悩《なや》んだり苦《くる》しんだりするときがある。そんな中《なか》で、日時計《ひどけい》のように人生《じんせい》の明《あか》るい面《めん》だけを心《こころ》に強《つよ》く印象付《いんしょうづ》ける生活《せいかつ》を、谷口雅春先生《たにぐちまさはるせんせい》は提唱《ていしょう》された。それが日時計主義《ひどけいしゅぎ》の生活《せいかつ》である。

　なぜそのようなことをするかというと、それには私《わたし》たちの心《こころ》と環境《かんきょう》の問題《もんだい》が大《おお》きく関係《かんけい》している。私《わたし》たちは、自分《じぶん》の心《こころ》によって、自《みずか》らの人生《じんせい》を創造《そうぞう》している存在《そんざい》なのだ。だから、その人《ひと》の心《こころ》がどんな状態《じょうたい》であるかというのは、その人《ひと》の生活《せいかつ》に直接《ちょくせつ》影響《えいきょう》を及《およ》ぼす。心《こころ》というのは大変広《たいへんひろ》い領域《りょういき》があり、今《いま》では一般《いっぱん》によく知《し》られているが、現在意識《げんざいいしき》と潜在意識《せんざいいしき》がある。自分《じぶん》ではよく分《わ》からない自分《じぶん》の心《こころ》＝潜在意識《せんざいいしき》は、心《こころ》の領域《りょういき》の九割《わり》以上《いじょう》を占《し》めているという。そのような広《ひろ》い領域《りょういき》を占《し》める潜在意識《せんざいいしき》はどのようにして作《つく》られるかというと、全《すべ》てが解明《かいめい》されているわけではないが、日々《ひび》の経験《けいけん》が積《つ》み重《かさ》なって習慣《しゅうかん》となり、潜在意識《せんざいいしき》を構成《こうせい》する大《おお》きな要因《よういん》になっているようだ。

　だから心《こころ》に何《なに》を思《おも》うかという事《こと》が大変重要《たいへんじゅうよう》な要素《ようそ》なのである。人間《にんげん》の傾向《けいこう》として、ほとんどの場合《ばあい》、その日《ひ》の出来事《できごと》の良《よ》いことではなく悪《わる》いこと、嫌《いや》な経験《けいけん》などを思《おも》っていることが多《おお》い。またテレビや新聞《しんぶん》なども、ほとんどが特別《とくべつ》な凶悪事件《きょうあくじけん》や、悲惨《ひさん》な事故《じこ》などを報道《ほうどう》するので、私《わたし》たちはそれらから強《つよ》い影響《えいきょう》を受《う》けて、過去《かこ》の出《で》来事《きごと》を連想《れんそう》したり、未来《みらい》に不安《ふあん》を感《かん》じたりするのだ。

　心《こころ》はそれぞれの人《ひと》が長《なが》い年月《ねんげつ》をかけて作《つく》り上《あ》げてきた作品《さくひん》だといえる。それを変《か》えるためには、それなりに努力《どりょく》がいる。『日時計日記《ひどけいにっき》』*1はそのような人間《にんげん》の複雑《ふくざつ》な心《こころ》の傾向《けいこう》を変《か》えるために作《つく》られた。だからその日《ひ》の出来事《できごと》の良《よ》いこと、うれしかったことだけを書《か》くのである。最初《さいしょ》はむずかしいかも知《し》れない。しかし普段《ふだん》は見過《みす》ごしている小《ちい》さな喜《よろこ》び、ささやかな出来事《できごと》、それらを一《ひと》つ、二《ふた》つと思《おも》いだし、日記《にっき》に書《か》きつけていくと、普段《ふだん》は気《き》がついてもそのままやり過《す》ごしていた小《ちい》さな沢山《たくさん》の恵《めぐ》みに気《き》が付《つ》くようになる。これはとても大《おお》きな日常《にちじょう》の変化《へんか》である。

　ただそのままが有《あ》り難《がた》いというのは、特《とく》に大《おお》きな悩《なや》みがなく幸《しあわ》せなときには、受《う》け入《い》れやすい考《かんが》え方《かた》である。が、悩《なや》みを抱《かか》えている時《とき》には、その問題《もんだい》で頭《あたま》の中《なか》はいっぱいになり、ありがたい気持《きも》ちなど湧《わ》いてこない。それよりはこの問題《もんだい》さえ解《かい》決《けつ》できれば、幸《しあわ》せになるのにと思《おも》うのだ。

＊1　その日の明るい出来事や喜びなどを記す日記帳。（谷口純子監修・生長の家刊）

「問題《もんだい》を放《はな》しなさい」「問題《もんだい》を忘《わす》れなさい」そんな風《ふう》に言《い》われても、気《き》にかかって仕方《しかた》がないから、簡単《かんたん》には心《こころ》から離《はな》せない。頭《あたま》では分《わ》かっていても、行動《こうどう》に結《むす》びつかないのが、多《おお》くの人《ひと》の現実《げんじつ》ではないかと思《おも》う。ある時《とき》の生長《せいちょう》の家《いえ》の講習会《こうしゅうかい》で、『日時計日記《ひどけいにっき》』をつけることにより、問題《もんだい》が解決《かいけつ》した体験《たいけん》が話《はな》された。それは以下《いか》のような内容《ないよう》だった。

五十代《だい》の女性《じょせい》であるが、彼女《かのじょ》の長男《ちょうなん》が高校生《こうこうせい》の時《とき》、引《ひ》きこもりになった。やがて好《す》きな音楽《おんがく》の道《みち》に進《すす》んで自立《じりつ》すると家《いえ》から出《で》て行《い》った。約《やく》二年後《ねんご》、その息子《むすこ》さんは、顔《かお》を覆《おお》うように髪《かみ》を長《なが》く伸《の》ばし、憔悴《しょうすい》して自宅《じたく》に戻《もど》ってきた。昼夜逆転《ちゅうやぎゃくてん》の生活《せいかつ》で、出《で》かけるのは近所《きんじょ》のコンビニか深夜営業《しんやえいぎょう》の音楽《おんがく》ショップだけだった。息子《むすこ》の引《ひ》きこもり、自営《じえい》の仕事《しごと》のことなど、問題《もんだい》は山積《さんせき》していて、悩《なや》み苦《くる》しんだ。思《おも》い余《あま》って生《せい》長《ちょう》の家《いえ》の講師《こうし》に相談《そうだん》した。講師《こうし》は彼女《かのじょ》の話《はなし》をすべて聞《き》いてから、「息子《むすこ》さんの命《いのち》を拝《おが》みなさい」と助言《じょげん》をくれたそうだ。

私《わたし》たちはともすると、家族《かぞく》に対《たい》して、自分《じぶん》の理想《りそう》を押《お》し付《つ》けることがある。特《とく》に母親《ははおや》は、子供《こども》に対《たい》して、「こうなってほしい」「あんな仕事《しごと》に就《つ》いてほしい」と、それが子供《こども》に対《たい》する執着心《しゅうちゃくしん》であるということに気《き》が付《つ》かず、子供《こども》を縛《しば》っていることがある。「命《いのち》を拝《おが》みなさい」というのは、そのような執着《しゅうちゃく》の心《こころ》を捨《す》てて、「ただ息子《むすこ》さんが生《う》まれてきてくれたこと、生《い》きて存在《そんざい》することに何《なん》の条件《じょうけん》も付《つ》けず感謝《かんしゃ》しなさい。そのままの命《いのち》の尊《とうと》さを見《み》つめなさい」という意味《いみ》だ。

彼女《かのじょ》はその助言《じょげん》に従《したが》って、毎日《まいにち》『日時計日記《ひどけいにっき》』に息子《むすこ》への感謝《かんしゃ》の言葉《ことば》、讃嘆《さんたん》の言葉《ことば》を書《か》き続《つづ》けた。数《すう》カ月《げつ》が過《す》ぎた頃《ころ》、状況《じょうきょう》が変化《へんか》したわけではなかったが、彼女《かのじょ》の心《こころ》の中《なか》には、息子《むすこ》に対《たい》する不安《ふあん》の思《おも》いがなくなっていた。ただ生《い》きていてくれることがありがたいと心《こころ》の底《そこ》から思《おも》えるようになった。それとともに、自分《じぶん》だけが苦《くる》しんでいると思《おも》っていたが、引《ひ》きこもりをせざるをえない息子《むすこ》はどんなに辛《つら》い日々《ひび》を過《す》ごしてきたのだろうかと、息子《むすこ》の苦《くる》しさ、辛《つら》さ、悲《かな》しみが分《わ》かるようになった。すると不思議《ふしぎ》なもので、やがて彼女《かのじょ》の心《こころ》の底《そこ》から喜《よろこ》びが湧《わ》いてきた。彼女は長《なが》く暗《くら》いトンネルを抜《ぬ》けたのである。母親《ははおや》の心《こころ》の変化《へんか》により息子《むすこ》さんの引《ひ》きこもりは解消《かいしょう》され、今《いま》では父親《ちちおや》の仕事《しごと》を手伝《てつだ》いながら、好《す》きな音楽活動《おんがくかつどう》もしているという事《こと》だった。

『日時計日記《ひどけいにっき》』を毎日書《まいにちか》くことから、日常《にちじょう》の行動《こうどう》や考《かんが》え方《かた》に変化《へんか》が起《お》き、問題《もんだい》が解《かい》決《けつ》していった。一《ひと》つの良《よ》い行《おこな》いがきっかけとなり、様々《さまざま》な副産物《ふくさんぶつ》を呼《よ》んだのである。

宗教《しゅうきょう》は何《なん》のため

二〇一五年《ねん》の六月二十日《がつはつか》の朝日新聞土曜版《あさひしんぶんどようばん》の『be《ビー》』に、日本人《にっぽんじん》の宗教観《しゅうきょうかん》についてのアンケート結果《けっか》が掲載《けいさい》されていた。その内容《ないよう》は私《わたし》にとって、ある程度予想《ていどよそう》していたものだったが、詳《くわ》しく読《よ》んでみると興味深《きょうみぶか》かった。アンケートに対《たい》する回答《かいとう》者数《しゃすう》は、約《やく》二千人《にん》である。

質問《しつもん》は「神《かみ》や仏《ほとけ》を信《しん》じますか?」というもので、結果《けっか》は信《しん》じる人《ひと》が五八パーセント、信《しん》じない人《ひと》が四二パーセントだった。

同《おな》じ欄《らん》で、二〇一四年《ねん》一月《がつ》に、「神頼《かみだの》みしたいことがありますか?」と訊《たず》ねた時《とき》には、七五パーセントの人《ひと》が「はい」と答《こた》えていたので、調査《ちょうさ》をした側《がわ》は、神《かみ》や仏《ほとけ》を信《しん》じる人《ひと》の割合《わりあい》も、神頼《かみだの》みをする人《ひと》の割合《わりあい》に近《ちか》いと思《おも》っていたらしいが、実際《じっさい》には二割《わり》くらいの差《さ》があった。信《しん》じる人《ひと》、信《しん》じない人《ひと》の理由《りゆう》はそれぞれ以下《いか》のようだ。

信《しん》じる人《ひと》が神仏《しんぶつ》を意識《いしき》する時《とき》は、

一、幸《しあわ》せに感謝《かんしゃ》する時《とき》

二、自然《しぜん》の美《うつく》しさや神秘《しんぴ》を感《かん》じた時《とき》

三、支《ささ》えがほしい時《とき》

四、危機《きき》に陥《おちい》ったり、脱《だっ》した時《とき》

信《しん》じない人《ひと》の理由《りゆう》は、

一、科学的《かがくてき》でない

二、存在《そんざい》が証明《しょうめい》できない

三、神頼《かみだの》みしてもかなわない

四、無神論者《むしんろんしゃ》（「神《かみ》がいるならこんな理不尽《りふじん》な世《よ》の中《なか》はありえないはず」など）

一方《いっぽう》、「悪《わる》いことをしたらバチが当《あ》たると思《おも》う」人《ひと》は六八パーセントで、神仏《しんぶつ》を信《しん》じる人《ひと》を上回《うわまわ》っている。このような結果《けっか》にもかかわらず、「信仰《しんこう》している宗教《しゅうきょう》はあるか」との問《と》いでは、わずか一六パーセントの人《ひと》しか「はい」と答《こた》えていない。結果《けっか》から、日本人《にっぽんじん》は、無宗教《むしゅうきょう》であるが、無神論《むしんろん》ではなく、おぼろげながら神《かみ》や偉大《いだい》な力《ちから》を信《しん》じていること。また普段《ふだん》は神《かみ》や仏《ほとけ》のことをあまり意識《いしき》することはないが、困難《こんなん》や願《ねが》い事《ごと》があるときには神仏《しんぶつ》を思《おも》い出《だ》して、問題解決《もんだいかいけつ》を頼《たの》み、願《ねが》いをかなえてもらいたいと思《おも》うようだ。

日本人《にっぽんじん》の生活《せいかつ》の中《なか》にも、無意識《むいしき》の習慣《しゅうかん》として、人間以上《にんげんいじょう》の存在《そんざい》に対《たい》する敬意《けいい》や尊《そん》敬《けい》の気持《きも》ちを表《あらわ》すものは色々《いろいろ》ある。例《たと》えば、食事《しょくじ》をいただく時《とき》、ほとんどの日本人《にっぽんじん》は「いただきます」と言《い》って、ご飯《はん》を食《た》べる。「いただきます」の言葉《ことば》には、口《くち》に出《だ》した本人《ほんにん》が意識《いしき》するしないにかかわらず、自然界《しぜんかい》や目《め》には見《み》えない多《おお》くのものの恩恵《おんけい》、人《ひと》の働《はたら》き、また直接食事《ちょくせつしょくじ》を作《つく》ってくださった人《ひと》の愛念《あいねん》など、食事《しょくじ》に関《かか》わったすべてのものや人《ひと》への感謝《かんしゃ》の気持《きも》ちが籠《こ》められている。「ごちそうさま」「おかげさま」「もったいない」なども日本特有《にっぽんとくゆう》の言《い》い回《まわ》しで、「いただきます」「もったいない」などは、これらを外国語《がいこくご》に直《なお》そうとしても、的確《てきかく》に内容《ないよう》を表現《ひょうげん》する言葉《ことば》がないという。

日常生活《にちじょうせいかつ》の基本的《きほんてき》な営《いとな》みの中《なか》で、宗教《しゅうきょう》や文化《ぶんか》の違《ちが》いはあっても、人《ひと》は幸《しあわ》せなとき、何《なに》かに感謝《かんしゃ》したい気持《きも》ちが自《おの》ずから湧《わ》き上《あ》がってくる。反対《はんたい》に困難《こんなん》や不幸《ふこう》な出来事《できごと》に直面《ちょくめん》すると、神《かみ》に助《たす》けを求《もと》めたくなったり、神《かみ》を責《せ》め、恨《うら》んだりすることがある。

東日本大震災《ひがしにほんだいしんさい》の時《とき》には、普段《ふだん》は神《かみ》など信《しん》じない人《ひと》が、自然《しぜん》の脅威《きょうい》を目《め》にして「神《かみ》の怒《いか》り」を感《かん》じたり「自分《じぶん》たちの生《い》き方《かた》が間違《まちが》っていたのか」などと考《かんが》えた。特別《とくべつ》の信仰《しんこう》を持《も》つ、持《も》たないにかかわらず、命《いのち》の深《ふか》い所《ところ》で、人間《にんげん》は神《かみ》の存在《そんざい》を知《し》り、神《かみ》に繋《つな》がっているから、そのような思《おも》いが出《で》てくるのだろう。けれどもこれらの考《かんが》えの中《なか》には、神《かみ》は人間《にんげん》とは離《はな》れたところにいて、神罰《しんばつ》を与《あた》えたり、願《ねが》いをかなえてくれるものという捉《とら》え方《かた》がある。

生長《せいちょう》の家《いえ》では、「人間《にんげん》は神《かみ》の子《こ》」で、「生命《せいめい》の本質《ほんしつ》には神《かみ》が宿《やど》っていて、人間《にんげん》は神《かみ》の自己実現《じこじつげん》である」と教《おし》える。そして、人間《にんげん》は肉体的存在《にくたいてきそんざい》ではなく、肉体《にくたい》は滅《ほろ》びても、人間《にんげん》の魂《たましい》は永遠《えいえん》に生《い》き続《つづ》けるというのだ。

これは一般的《いっぱんてき》な人々《ひとびと》の感覚《かんかく》とは、違《ちが》うかもしれない。ほとんどの人《ひと》は、肉体《にくたい》が自《じ》分自身《ぶんじしん》だと思《おも》っている。そのため、肉体《にくたい》をいかに若々《わかわか》しく保《たも》つかや、いかに長生《ながい》きするかに心《こころ》を砕《くだ》く。また肉体《にくたい》の要求《ようきゅう》に応《こた》えるために、ものやお金《かね》をたくさん集《あつ》めたいと願《ねが》う。

果《は》たして人間《にんげん》は肉体《にくたい》だろうか。たとえば、困《こま》っている人《ひと》、災害《さいがい》にあって苦《くる》しんでいる人《ひと》などを見《み》ると、私《わたし》たちは何《なん》とかしてあげたいと思《おも》う。その時《とき》、自分《じぶん》のことは忘《わす》れている。自分主体《じぶんしゅたい》に考《かんが》える利己的《りこてき》な思《おも》いとは正反対《せいはんたい》の心《こころ》である。どちらが本当《ほんとう》の自分《じぶん》かと考《かんが》えると、やはり何《なに》か良《よ》いこと、向上《こうじょう》することを望《のぞ》むのが、人間《にんげん》の本当《ほんとう》の願《ねが》いだと分《わ》かる。これは肉体人間《にくたいにんげん》から出《で》てくるものではなく、私《わたし》たちの内面《ないめん》から出《で》てくる理想《りそう》、あるいは良心《りょうしん》だ。肉体《にくたい》は理想《りそう》を実現《じつげん》するための一種《いっしゅ》の道具《どうぐ》の役割《やくわり》をする。肉体《にくたい》を通《とお》して出《で》てくる欲望《よくぼう》と、真《しん》の人間《にんげん》の理想《りそう》や良心《りょうしん》との関係《かんけい》については、『大自然讃歌《だいしぜんさんか》』（谷口雅宣著《たにぐちまさのぶちょ》、生長《せいちょう》の家刊《いえかん》）に以下《いか》のように詳《くわ》しく示《しめ》されている。

人間《にんげん》の真《しん》の目的《もくてき》は肉体《にくたい》の維持《いじ》・発達《はったつ》に非《あら》ず、
地上《ちじょう》に神《かみ》の栄光現《えいこうあらわ》すことなり。
肉体《にくたい》は神性表現《しんせいひょうげん》の道具《どうぐ》に過《す》ぎず、
欲望《よくぼう》もまた神性表現《しんせいひょうげん》の目的《もくてき》にかなう限《かぎ》り、
神《かみ》の栄光支《えいこうささ》える〝生命《いのち》の炎《ほのお》〟なり。
（中略《ちゅうりゃく》）
欲望《よくぼう》の正《ただ》しき制御《せいぎょ》を忘《わす》るべからず。

欲望《よくぼう》を
神性表現《しんせいひょうげん》の目的《もくてき》に従属《じゅうぞく》させよ。
欲望《よくぼう》を自己《じこ》の本心《ほんしん》と錯覚《さっかく》すべからず。
欲望燃《よくぼうも》え上《あ》がるは、
自己《じこ》に足《た》らざるものありと想《おも》い、
その欠乏感《けつぼうかん》を埋《う》めんとするが故《ゆえ》なり。

宗教《しゅうきょう》の目的《もくてき》は、おかげを得《え》ることではなく、人間《にんげん》の本質《ほんしつ》に目覚《めざ》め、自覚《じかく》し、それを表現《ひょうげん》することだ。本当《ほんとう》の自分《じぶん》の声《こえ》に従《したが》って生《い》きる時《とき》、人《ひと》は生《い》き甲斐《がい》を感《かん》じ、心《こころ》から満足《まんぞく》できる人生《じんせい》を歩《あゆ》めるだろう。

人《ひと》はみな美《うつく》しい

今《いま》からもう四十年近《ねんちか》い前《まえ》のことである。夫《おっと》との婚約《こんやく》が調《ととの》い、夫《おっと》の祖父母《そふぼ》である生《せい》長《ちょう》の家創始者《いえそうししゃ》・谷口雅春先生《たにぐちまさはるせんせい》、輝子先生《てるこせんせい》にご挨拶《あいさつ》をした。当時先生《とうじせんせい》ご夫妻《ふさい》は、長崎《ながさき》県西海市《けんさいかいし》にある生長《せいちょう》の家総本山近《いえそうほんざんちか》くの公邸《こうてい》にお住《す》まいだったが、月《つき》に一度《いちど》、東京《とうきょう》で会議《かいぎ》がある時《とき》上京《じょうきょう》されていた。

上京時《じょうきょうじ》は、原宿《はらじゅく》のお山《やま》と呼《よ》ばれていた旧《きゅう》お住《す》まいに滞在《たいざい》された。先生《せんせい》ご夫妻《ふさい》の上京時《じょうきょうじ》に合《あ》わせて、私《わたし》たちはご挨拶《あいさつ》に伺《うかが》った。遠《とお》くからは、何度《なんど》も拝見《はいけん》していたが、お座敷《ざしき》のテーブルを挟《はさ》んで間近《まぢか》での対面《たいめん》は初《はじ》めてだった。当時《とうじ》、輝子先生《てるこせんせい》は八十歳《さい》を超《こ》えておられた。夏《なつ》の暑《あつ》い日《ひ》だったので、クリーム色《いろ》のゆったりした涼《すず》しげなワンピースをお召《め》しだった。初《はじ》めて先生《せんせい》を近《ちか》くで見《み》た私《わたし》は「八十歳《さい》を超《こ》えて、こんなに美《うつく》しい女性《じょせい》がいるのか」と驚《おどろ》いた。私《わたし》がそれまで持《も》っていた高齢女性《こうれいじょせい》に対《たい》する考《かんが》えを、見事《みごと》に裏切《うらぎ》るものだった。

輝子先生《てるこせんせい》は多感《たかん》な少女《しょうじょ》のころ、お父様《とうさま》を亡《な》くされた。魂《たましい》の父《ちち》を探《さが》し、心《こころ》の安《やす》らぎを求《もと》められた。若《わか》い頃《ころ》は、大変《たいへん》な苦労《くろう》もされたが、やがて求道《ぐどう》されていた雅春先生《まさはるせんせい》と出会《であ》われ、結婚《けっこん》された。「生長《せいちょう》の家《いえ》」立教後《りっきょうご》は、雅春先生《まさはるせんせい》と二人三脚《ににんさんきゃく》で、ひたすら人々《ひとびと》に真理《しんり》を伝《つた》えるために歩《あゆ》まれた。理想《りそう》のためには毅然《きぜん》と立《た》ち、時《とき》に女丈夫《じょじょうふ》といってもいいほどの力強《ちからづよ》さを示《しめ》された。しかしその強《つよ》さは表面《ひょうめん》には出《で》ず、直《じか》に接《せっ》するとゆったりした大《おお》らかな人柄《ひとがら》が感《かん》じられるのだった。そんな生《い》き方《かた》が、輝子先生《てるこせんせい》の雰囲気全体《ふんいきぜんたい》から立《た》ち上《のぼ》り、感動《かんどう》したのではないかと思《おも》う。

人《ひと》の心《こころ》は、顔《かお》だけでなくその人全体《ひとぜんたい》の雰囲気《ふんいき》に現《あらわ》れる。それはどんなに高価《こうか》な美《び》容液《ようえき》を使《つか》い、整形手術《せいけいしゅじゅつ》をしても、どうすることもできないものだ。自分《じぶん》の普段《ふだん》の思《おも》い、行動《こうどう》、生活《せいかつ》、それら全体《ぜんたい》が影響《えいきょう》して、その人《ひと》の目《め》に見《み》えない雰囲気《ふんいき》を作《つく》り、顔《かお》の表情《ひょうじょう》に表《あらわ》れる。それは誤魔化《ごまか》しようがない。

若《わか》い頃《ころ》は、顔《かお》の美醜《びしゅう》で判断《はんだん》されることが多《おお》い。また、若《わか》さゆえの美《うつく》しさというものもある。けれどもある程度《ていど》の歳《とし》を重《かさ》ねると、顔《かお》にはシミや皺《しわ》が増《ふ》え、経《へ》てきた歳《さい》月《げつ》を雄弁《ゆうべん》に語《かた》るものだ。だが、同《おな》じ年齢《ねんれい》でも、とても老《ふ》けた印象《いんしょう》を与《あた》える人《ひと》もあれば、若々《わかわか》しく潑剌《はつらつ》としている人《ひと》もいる。

私《わたし》は生長《せいちょう》の家《いえ》の講習会《こうしゅうかい》で全国各地《ぜんこくかくち》を回《まわ》るが、そこでは年齢《ねんれい》を感《かん》じさせない高齢《こうれい》女性《じょせい》にお会《あ》いすることが多《おお》い。欲目《よくめ》といわれるかもしれないが、生長《せいちょう》の家《いえ》の白鳩会《しろはとかい》の皆《みな》さんは、人《ひと》の幸福《こうふく》を願《ねが》って活動《かつどう》されている人《ひと》が多《おお》いからではないかと思《おも》う。いつも尊敬《そんけい》の気持《きも》ちを持《も》つのである。

私《わたし》自身《じしん》もそうであるが、外見《がいけん》をよくしようと人《ひと》は心《こころ》を配《くば》る。洋服《ようふく》など、自分《じぶん》に似合《にあ》う服《ふく》を着《き》たいと思《おも》い、髪型《かみがた》にも気《き》を遣《つか》う。そのように外見《がいけん》も大切《たいせつ》ではあるが、それ以上《いじょう》に内面《ないめん》が重要《じゅうよう》だ。どんなに見《み》た目《め》を繕《つくろ》っても、その人《ひと》の雰囲気《ふんいき》や自然《しぜん》に出《で》てくる言葉《ことば》は、長年《ながねん》の積《つ》み重《かさ》ねの結果《けっか》で、即席《そくせき》に何《なん》とか操作《そうさ》しようとしても、でき

ないものだ。

色々《いろいろ》な人《ひと》がいて、人生《じんせい》は面白《おもしろ》いと思《おも》う。過去《かこ》に失敗《しっぱい》をし、苦労《くろう》の多《おお》い人生《じんせい》を歩《あゆ》んできた人《ひと》が、生長《せいちょう》の家《いえ》の信仰《しんこう》を得《え》、今《いま》を明《あか》るく前向《まえむ》きに生《い》きている姿《すがた》に接《せっ》することも多《おお》い。

人《ひと》の生《い》きざまが顔《かお》に表《あらわ》れるから、どんな人生《じんせい》を歩《あゆ》んできたかは大切《たいせつ》だ。けれども、今《いま》どう生《い》きるか、どう生《い》きているかが、直《じか》に接《せっ》する人《ひと》には伝《つた》わる。皺《しわ》だらけの顔《かお》でも、今《いま》を明《あか》るく生《い》きている笑顔《えがお》があれば、その皺《しわ》は勲章《くんしょう》にも見《み》えるのだ。

人《ひと》はみな幸福《こうふく》な人生《じんせい》を歩《あゆ》みたいと思《おも》っている。それとともに、明《あか》るく、親切《しんせつ》な愛《あい》深《ふか》い人《ひと》になりたいと心《こころ》の奥底《おくそこ》では願《ねが》っているものだ。けれども私《わたし》たちは、自分《じぶん》の目《め》で見《み》える世界《せかい》から大《おお》きく影響《えいきょう》を受《う》けて生活《せいかつ》している。人間《にんげん》は肉体的存在《にくたいてきそんざい》であり、自《じ》分《ぶん》の利益《りえき》と他人《たにん》の利益《りえき》は対立《たいりつ》すると考《かんが》える場合《ばあい》も多《おお》い。だから、どうしても自分《じぶん》の利益《りえき》を優先《ゆうせん》し、自己中心的《じこちゅうしんてき》な考《かんが》え方《かた》、行動《こうどう》をとりがちになる。

人間《にんげん》の本心《ほんしん》の願《ねが》いをかなえるためには、人間《にんげん》は本来《ほんらい》どのような存在《そんざい》であるかということを知《し》る必要《ひつよう》がある。人《ひと》と人《ひと》とは一見離《いっけんはな》れた存在《そんざい》のように見《み》えても、心《こころ》の底《そこ》ではつながっていて、自分《じぶん》と他人《たにん》とは本来一体《ほんらいいったい》の存在《そんざい》であるのだ。だから私《わたし》たちは、人《ひと》のために何《なに》かしたいと思《おも》い、人《ひと》が悩《なや》んでいたり、苦《くる》しんでいると、助《たす》けたいと思《おも》うのだ。このことを理解《りかい》すると、自己中心的《じこちゅうしんてき》になりがちな行動《こうどう》に、ブレーキをかけることができる。

自分《じぶん》のことだけではなく、人《ひと》のために何《なに》かができる自分《じぶん》。人《ひと》を受《う》け入《い》れて、祝福《しゅくふく》することのできる自分《じぶん》。それができた時《とき》、自分《じぶん》の存在《そんざい》を肯定《こうてい》し、認《みと》め、生《い》きがいを感《かん》じ、生活《せいかつ》の喜《よろこ》びにつながる。これを習慣化《しゅうかんか》することが大切《たいせつ》だ。日々《ひび》の暮《く》らしの中《なか》で、「人《ひと》のためになる、良《よ》いことを為《な》そう」との大《おお》いなる願《ねが》いを持《も》って生《い》きることが、人《ひと》を若《わか》く潑剌《はつらつ》とさせる。そこから新《あたら》しいアイディアも次々《つぎつぎ》に生《う》まれてくるだろう。

「人間《にんげん》の本質《ほんしつ》には、愛《あい》がある」

この真実《しんじつ》があるから、私達《わたしたち》は前《まえ》を向《む》いて、明《あか》るく安心《あんしん》して生《い》きていけるのである。

困難《こんなん》にたわむれる

生長《せいちょう》の家《いえ》の講習会《こうしゅうかい》では質問《しつもん》を受《う》け付《つ》けていて、紙《かみ》に書《か》いた質問《しつもん》に対《たい》して総裁《そうさい》[*1]が答《こた》える。その中《なか》でよくある質問《しつもん》に、「もし神《かみ》が存在《そんざい》するなら、なぜ人間《にんげん》を失敗《しっぱい》や間違《まちが》いを犯《おか》すようにつくったのか?」というものがある。「愛《あい》の神《かみ》が、なぜ天国《てんごく》や楽園《らくえん》に暮《く》らすような幸《しあわ》せな人間《にんげん》を作《つく》らなかったのか?」「万能《ばんのう》の神《かみ》が、なぜ完全《かんぜん》な人間《にんげん》をつくらなかったのか?」などという意味《いみ》だろう。

これは、人間《にんげん》の率直《そっちょく》な感情《かんじょう》を表《あらわ》した、もっともな疑問《ぎもん》である。悩《なや》んだり苦《くる》しんだり、判断《はんだん》を間違《まちが》って失敗《しっぱい》したり、問題《もんだい》をこじらせたりする人間《にんげん》は、やはり〝不完全《ふかんぜん》な存在《そんざい》〟だと普通《ふつう》は考《かんが》える。実際《じっさい》の人間《にんげん》は事実《じじつ》、時《とき》に失敗《しっぱい》し、様々《さまざま》な悩《なや》みや困難《こんなん》を

＊1　谷口雅宣・生長の家総裁。

目《め》の前《まえ》にして苦《くる》しむ。また人間《にんげん》は、歴史的《れきしてき》にも、世界的《せかいてき》にも、多《おお》くの戦争《せんそう》や紛争《ふんそう》を起《お》こし、対立《たいりつ》を繰《く》り返《かえ》している。

この世界《せかい》は人間《にんげん》の判断《はんだん》の誤《あやま》り、執着《しゅうちゃく》、欲望《よくぼう》などによって、「天国《てんごく》」と呼《よ》ぶにはほど遠《とお》い悲惨《ひさん》で、醜《みにく》い姿《すがた》を見《み》せることがあるのは確《たし》かだ。これらの間違《まちが》った判断《はんだん》や執《しゅう》着心《ちゃくしん》のことを、宗教的《しゅうきょうてき》には「迷《まよ》い」という。しかし、「迷《まよ》う」ということは、本《ほん》当《とう》に悪《わる》いことなのだろうか?

ちょっと視点《してん》を変《か》えてみる。例《たと》えば、人間《にんげん》が常《つね》に正《ただ》しい判断《はんだん》ができるとは、どんな状態《じょうたい》をいうのだろう。この場合《ばあい》の「正《ただ》しい判断《はんだん》」とは、どんな判断《はんだん》を指《さ》すのだろうか。「迷《まよ》う」ということは、「考《かんが》える」ことから生《う》まれる。そこには必《かなら》ず右《みぎ》するか左《ひだり》するかというような「選択《せんたく》」の余地《よち》がなければならない。ということは、そこに自由《じゆう》があるということだ。

その逆《ぎゃく》に、「迷《まよ》わないで選択《せんたく》する」ということは、文学上《ぶんがくじょう》の表現《ひょうげん》としてはよく使《つか》われるが、本当《ほんとう》はありえない。「迷《まよ》わない」ということは「選《えら》ばない」ということで、あらかじめ決《き》められた方針《ほうしん》に従《したが》って行動《こうどう》することだ。それは前《まえ》もって、ある条件《じょうけん》に際《さい》してはこう動《うご》く、こちらを選《えら》ぶということが決《き》められている場合《ばあい》に起《お》こる。ロボットのように自由《じゆう》がないから、そもそも「選《えら》ぶ」という言葉《ことば》を使《つか》うこと自体《じたい》が、おかしい。

日常《にちじょう》の場面《ばめん》に当《あ》てはめてみると、その不自然《ふしぜん》さがよく分《わ》かる。

野菜《やさい》売《う》り場《ば》に行《い》って、目《め》の前《まえ》に夏野菜《なつやさい》が並《なら》んでいたとしよう。キュウリ、ナス、トマト、ピーマン、トウモロコシ……などがある。その中《なか》で、人間《にんげん》はその日《ひ》の献立《こんだて》や自分《じぶん》の好《この》みなどで、いくつかの野菜《やさい》を選《えら》ぶ。キュウリとナスとトマトを買《か》った。トマトは一個《こ》百円《えん》で売《う》られていたが、その隣《となり》には同《おな》じ大《おお》きさのものが三個《こ》一五〇円《えん》でカゴに盛《も》られていた。カゴ入《い》りのものは半額《はんがく》だ。だからそちらが良《よ》いと思《おも》って買《か》ったとする。

家《いえ》に帰《かえ》って料理《りょうり》を始《はじ》める。三個《こ》一五〇円《えん》のトマトは、値段《ねだん》に誘《さそ》われてよく確《たし》かめないで買《か》った。だから、熟《じゅく》しすぎていてサラダにはできない。煮込《にこ》み料理《りょうり》にしか使《つか》えないことが分《わ》かる。さらにピーマンが必要《ひつよう》だったのに、買《か》い忘《わす》れてしまった。こんな結果《けっか》は、自由《じゆう》を与《あた》えられた人間《にんげん》にはよくあることで、私《わたし》たちはそれを「迷《まよ》い」や「失敗《しっぱい》」と呼《よ》ぶ。

同《おな》じ場面《ばめん》で、〝迷《まよ》わない人間《にんげん》〟はどう行動《こうどう》するだろうか? キュウリ、ナス、トマト、ピーマンを、「安《やす》い」とか「高《たか》い」とか「熟《じゅく》している」とか「未熟《みじゅく》だ」とか判断《はんだん》せず、きっと自動的《じどうてき》に買《か》う。そういう買《か》い物《もの》は、はたして楽《たの》しいだろうか? 創造性《そうぞうせい》があるだろうか?

先《さき》に挙《あ》げた〝自由《じゆう》がある人間《にんげん》〟は、自分《じぶん》の間違《まちが》いから学《まな》ぶことができる。買《か》い物《もの》に行《い》くときは、買《か》い忘《わす》れをしないように買《か》い物《もの》リストを作《つく》っておこう。カゴ盛《も》りで安《やす》い物《もの》でも、品質《ひんしつ》を良《よ》く確《たし》かめて買《か》わなくてはいけない。安《やす》いのには、それなりの理由《りゆう》がある……そんなことを学《まな》び、しだいに賢《かしこ》い消費者《しょうひしゃ》となっていく。自分《じぶん》の成《せい》長《ちょう》や進歩《しんぽ》が感《かん》じられ、たとえ野菜《やさい》の買《か》い物《もの》であっても、人間《にんげん》は「正《ただ》しい選択《せんたく》」をするための工夫《くふう》を通《とお》して創造力《そうぞうりょく》を発揮《はっき》し、その選択《せんたく》をした際《さい》の喜《よろこ》びが倍加《ばいか》する。

人生《じんせい》の困難《こんなん》も、深刻《しんこく》さにはもちろん違《ちが》いがあるが、基本的《きほんてき》には同《おな》じといえる。目《め》の前《まえ》の困難《こんなん》は、苦《くる》しさの面《めん》では野菜《やさい》の選択《せんたく》と同《おな》じではない。しかし、それはその時《とき》までに行《おこな》われた自分《じぶん》の選択《せんたく》と行動《こうどう》の結果《けっか》である。だから原因《げんいん》は自分《じぶん》にあるのだから、そこから学《まな》び、自分《じぶん》の考《かんが》えや行動《こうどう》を改《あらた》めることで克服《こくふく》することができる。

困難《こんなん》が目《め》の前《まえ》にあると、人間《にんげん》はそれに心《こころ》を捕《とら》えられ、感情的《かんじょうてき》に呑《の》み込《こ》まれてしまいがちだ。そして、その〝悪現象《あくげんしょう》〟をじっと見《み》つめることで、そこから逃《のが》れられると考《かんが》える。けれども困難《こんなん》の原因《げんいん》は、その困難《こんなん》な〝悪現象《あくげんしょう》〟そのものにはない。〝悪現象《あくげんしょう》〟をどんなに見《み》つめ、分析《ぶんせき》しても、迷宮《めいきゅう》にさまようばかりである。困難《こんなん》を〝悪《あく》〟と決《き》めつけて、排斥《はいせき》するのではなく、目《め》の前《まえ》の困難《こんなん》は、自分《じぶん》の不足《ふそく》を教《おし》えてくれる〝宿題《しゅくだい》〟や〝課題《かだい》〟であり、実《じつ》は〝善《ぜん》〟でもあると知《し》ることだ。

だから、生長《せいちょう》の家《いえ》では、「困難《こんなん》にたわむれよ」と教《おし》えている。その意味《いみ》は、困難《こんなん》に際《さい》しては謙虚《けんきょ》に自分《じぶん》を振《ふ》り返《かえ》り、足《た》りないところを認《みと》め、そこから内在無限《ないざいむげん》の可《か》能性《のうせい》を発揮《はっき》するために努力《どりょく》しようということだ。その努力《どりょく》を通《とお》して、やがて困難《こんなん》が困難《こんなん》ではなく、自分《じぶん》の未開発《みかいはつ》の可能性《かのうせい》を発揮《はっき》するための、ありがたい羅針盤《らしんばん》であったということに気《き》がつくのである。そのとき、本当《ほんとう》に困難《こんなん》は困難《こんなん》でなくなる。

人間《にんげん》に自由《じゆう》があり、悩《なや》むことがあるのは、このような工夫《くふう》や創造《そうぞう》や発見《はっけん》を通《とお》して自分《じぶん》の可能性《かのうせい》を開発《かいはつ》し、成長《せいちょう》し、その過程《かてい》での喜《よろこ》びを感《かん》じるためである。最初《さいしょ》から悩《なや》まず、常《つね》に正《ただ》しいことしかしない人間《にんげん》は、一見《いっけん》とても楽《らく》で良《よ》いように見《み》えるが、「内在《ないざい》の神性《しんせい》の開発《かいはつ》」という人生《じんせい》の目的《もくてき》とは無縁《むえん》である。自動機械《じどうきかい》やロボットのような人生《じんせい》には、生《い》き甲斐《がい》がなく、喜《よろこ》びもないから、そういう人間《にんげん》は病気《びょうき》になってしまうかもしれない。

私《わたし》たちは、迷《まよ》い悩《なや》んだ末《すえ》に正《ただ》しい判断《はんだん》ができた時《とき》、目《め》の前《まえ》の「困難《こんなん》」は「充実《じゅうじつ》感《かん》」に変《か》わっていることに気《き》づく。自分《じぶん》の中《なか》にあった偉大《いだい》な力《ちから》を実感《じっかん》し、人生《じんせい》は素《す》晴《ば》らしい表現《ひょうげん》の場《ば》だと理解《りかい》する。そのような喜《よろこ》びは、自由《じゆう》を与《あた》えられた人間《にんげん》の特権《とっけん》であり、そこに人間《にんげん》の尊厳《そんげん》もあるのである。

神《かみ》からのメッセージ

生長《せいちょう》の家《いえ》では、「人間《にんげん》は神《かみ》の子《こ》である」というが、その根拠《こんきょ》は、この世界《せかい》はなぜ存在《そんざい》するかということに遡《さかのぼ》る。神《かみ》は世界《せかい》の第一原因者《だいげんいんしゃ》、即《すなわ》ち世界《せかい》の創造主《そうぞうしゅ》であり、森羅万象《しんらばんしょう》、あらゆるものを造《つく》られたと考《かんが》える。人間《にんげん》も神《かみ》によって造《つく》られたものであるが、その中《なか》で人間《にんげん》は神《かみ》の最高《さいこう》の自己実現《じこじつげん》として造《つく》られたから、神《かみ》さまの子供《こども》というのである。

このことをキリスト教《きょう》では、「神《かみ》は人《ひと》を神《かみ》の像《かたち》の如《ごと》くに造《つく》られた」と聖書《せいしょ》の記述《きじゅつ》があり、仏教《ぶっきょう》でも「人間《にんげん》の中《なか》に仏性《ぶっしょう》がある」と説《と》き、東西《とうざい》の宗教《しゅうきょう》が同《おな》じことを言《い》っている。真理《しんり》とは本来《ほんらい》そういうもので、生長《せいちょう》の家《いえ》でも同《おな》じ意味《いみ》のことを「人間神《にんげんかみ》の子《こ》」という言葉《ことば》で説明《せつめい》しているのだ。

「神《かみ》」に対《たい》する捉《とら》え方《かた》には、個人《こじん》の生《う》まれ育《そだ》った国《くに》や地域《ちいき》、教養《きょうよう》や知識《ちしき》の程度《ていど》によって差《さ》があり、様々《さまざま》な考《かんが》え方《かた》があるが、「完全《かんぜん》なもの」「全知全能《ぜんちぜんのう》の存在《そんざい》」「偉大《いだい》な力《ちから》を持《も》っているもの」を、人間《にんげん》は神《かみ》と呼《よ》んできた。その結果《けっか》として、神《かみ》を信《しん》じる人《ひと》と信《しん》じない人《ひと》に分《わ》かれるのではないかと思《おも》う。

信《しん》じる人《ひと》の場合《ばあい》は、この世界《せかい》を眺《なが》めると、善悪混交《ぜんあくこんこう》の世界《せかい》ではあるが、感動《かんどう》することや喜《よろこ》びに満《み》たされる瞬間《しゅんかん》がある。すると何《なに》かに感謝《かんしゃ》したい気持《きも》ちが湧《わ》き、神《かみ》の存在《そんざい》を感《かん》じる。また、困《こま》ったときや、絶体絶命《ぜったいぜつめい》に陥《おちい》った時《とき》、人《ひと》はなぜか「神《かみ》さま」と、神《かみ》に救《すく》いを求《もと》めることがある。世界《せかい》や命《いのち》の本質《ほんしつ》に、何《なに》かよく分《わ》からないが偉大《いだい》な存在《そんざい》を求《もと》める気持《きも》ちがあるからだ。

一方《いっぽう》で、神《かみ》を信《しん》じることのできない人《ひと》の場合《ばあい》は、「もし、神《かみ》が存在《そんざい》するならば、この世界《せかい》はもっと素晴《すば》らしいはずだ。不完全《ふかんぜん》が満《み》ちているのは、神《かみ》がいない証拠《しょうこ》である」と考《かんが》える。このこともよく考《かんが》えてみると、完全《かんぜん》なものを神《かみ》と願《ねが》う心《こころ》が読《よ》み取《と》れる。

神《かみ》を信《しん》じる人《ひと》、信《しん》じない人《ひと》と様々《さまざま》であるが、さらにこれらの人々《ひとびと》が、どんな神《かみ》を信《しん》じているかというのも千差万別《せんさばんべつ》だ。神《かみ》は人間《にんげん》から遠《とお》く離《はな》れた、天上高《てんじょうたか》くや、西方十万億土《さいほうじゅうまんおくど》の彼方《かなた》に存在《そんざい》するという考《かんが》え方《かた》がある。さらに人間《にんげん》に罰《ばつ》を与《あた》える存在《そんざい》としての神《かみ》を信《しん》じている場合《ばあい》もある。願《ねが》い事《ごと》をかなえてくれる神《かみ》、お賽銭《さいせん》を沢山供《たくさんそな》えれば幸《しあわ》せにしてくれる神《かみ》、敵《てき》を滅《ほろ》ぼし味方《みかた》を助《たす》ける神等《かみなど》、自己中心的《じこちゅうしんてき》な考《かんが》え方《かた》から、その人《ひと》なりの神《かみ》の見方《みかた》がある。

「生長《せいちょう》の家《いえ》」では、「唯一絶対《ゆいいつぜったい》の善一元《ぜんいちげん》の神《かみ》が実在《じつざい》する」と説《と》いている。一般的《いっぱんてき》には、宗教《しゅうきょう》の数《かず》だけ違《ちが》う名前《なまえ》の神《かみ》が存在《そんざい》するように思《おも》っている人《ひと》もあるかもしれない。けれども本当《ほんとう》は、ただ一《ひと》つの神《かみ》があり、神《かみ》からのメッセージを受《う》けた人《ひと》が、その人《ひと》のイメージから名前《なまえ》を付《つ》けるので、沢山《たくさん》の異《こと》なった宗教《しゅうきょう》があるように見《み》えるのだ。だから異《こと》なった宗教《しゅうきょう》が、沢山《たくさん》あるように見《み》えるが、元《もと》の真理《しんり》は一《ひと》つである。

このような神《かみ》に対《たい》する考《かんが》え方《かた》に、人類全体《じんるいぜんたい》の共通《きょうつう》の認識《にんしき》がないために、現在《げんざい》では

まだ世界各地《せかいかくち》で宗教《しゅうきょう》による争《あらそ》いが起《お》こっているし、宗教《しゅうきょう》に対《たい》する偏見《へんけん》もある。その一方《いっぽう》で、少《すこ》しずつではあるが「神《かみ》は多《おお》くの顔《かお》を持《も》っている」「すべての良《よ》き宗教《しゅうきょう》には善《ぜん》の種《たね》がある」というような考《かんが》え方《かた》が生《う》まれている。

神《かみ》が実在《じつざい》するというのは、私《わたし》たちが目《め》にする現実《げんじつ》の世界《せかい》のことではなく、理念《りねん》の世界《せかい》のことである。知恵《ちえ》や愛《あい》、命《いのち》などは目《め》に見《み》えないが、私《わたし》たちはそれらを信《しん》じている。植物《しょくぶつ》の種《たね》の中《なか》に命《いのち》があると言《い》われても、私《わたし》たちには分《わ》からない。けれども、実際《じっさい》に地面《じめん》に種《たね》を植《う》えると、きれいな花《はな》が咲《さ》き、作物《さくもつ》が実《みの》り、命《いのち》の偉大《いだい》さを感《かん》じるのだ。命《いのち》の根元《こんげん》である神《かみ》は永遠《えいえん》にあり続《つづ》け、「善一元《ぜんいちげん》」であるから、善悪《ぜんあく》が対立《たいりつ》するのではなく、善《ぜん》のみがあるということだ。

このように善一元《ぜんいちげん》の神《かみ》が実在《じつざい》するという考《かんが》え方《かた》は、天国《てんごく》や浄土《じょうど》がすでにあるということだから、本当《ほんとう》に理解《りかい》されると、生《い》きることに不安《ふあん》がなくなり、大安心《だいあんしん》のもとに生活《せいかつ》ができるようになるだろう。けれども本当《ほんとう》の理解《りかい》に到達《とうたつ》するためには、それなりの努力《どりょく》が必要《ひつよう》だ。

私《わたし》たちはこれまでの生《い》きてきた経験《けいけん》の積《つ》み重《かさ》ねから、様々《さまざま》な人間観《にんげんかん》、世界観《せかいかん》、人生観《じんせいかん》を持《も》っている。その中《なか》に「人間《にんげん》は悪《わる》いものである」「人生《じんせい》は運《うん》によって支配《しはい》され、あらかじめ決《き》まっている」「悪《あく》が栄《さか》え、善《ぜん》が滅《ほろ》びる」というような考《かんが》えが根強《ねづよ》くあると、その人《ひと》の人生《じんせい》は、心《こころ》の通《とお》りに展開《てんかい》する。

けれども一方《いっぽう》で、全《すべ》ての人《ひと》が、善《ぜん》を求《もと》め、幸福《こうふく》な人生《じんせい》を願《ねが》っている。それは人間《にんげん》の本質《ほんしつ》に善《ぜん》があり、理想《りそう》や希望《きぼう》の確《たし》かな尺度《しゃくど》が全《すべ》ての人《ひと》にあるからだ。私《わたし》たちには、目《め》の前《まえ》の現実《げんじつ》の世界《せかい》と自分《じぶん》の心《こころ》の奥底《おくそこ》の理想《りそう》との拮抗《きっこう》が常《つね》にあり、目《め》に見《み》える現実《げんじつ》の世界《せかい》の影響力《えいきょうりょく》が強大《きょうだい》であるため、現実《げんじつ》に負《ま》けてしまいやすい傾向《けいこう》にある。

「神《かみ》の子《こ》」である私《わたし》たちには、「神《かみ》からのメッセージ」は常《つね》にある。それは希望《きぼう》や理想《りそう》として、あるいは良心《りょうしん》として、立《た》ち上《あ》がってくるのだ。その声《こえ》に耳《みみ》を傾《かたむ》ける習《しゅう》慣《かん》をつけないと、自分《じぶん》の中《なか》にある理想《りそう》を聴《き》きとることは難《むずか》しい。

そのためには、本当《ほんとう》はしたいけれど色々《いろいろ》理由《りゆう》をつけて後回《あとまわ》しにしていることを、実行《じっこう》することだ。部屋《へや》の片《かた》づけでも、掃除《そうじ》でも、人《ひと》に手紙《てがみ》を書《か》くことでもいい。

「こうしたい」「こうでありたい」と思《おも》うこと。それらが少《すこ》し面倒《めんどう》でも、思《おも》い切《き》ってやり遂《と》げることで、心《こころ》の満足《まんぞく》が得《え》られる。

実際《じっさい》の生活《せいかつ》の中《なか》での実践《じっせん》が、困難《こんなん》を克服《こくふく》して前進《ぜんしん》する力《ちから》になる。達成感《たっせいかん》、すっきり感《かん》の連続《れんぞく》が、神《かみ》の子《こ》の自覚《じかく》に結《むす》び付《つ》く。自分《じぶん》の人生《じんせい》は、自分《じぶん》で生《い》きていくことによってしか何事《なにごと》も変《か》わらないという真実《しんじつ》を、心《こころ》にはっきりと自覚《じかく》することが幸福生《こうふくせい》活《かつ》の秘訣《ひけつ》である。

第5章

自然《しぜん》はいつも新鮮《しんせん》

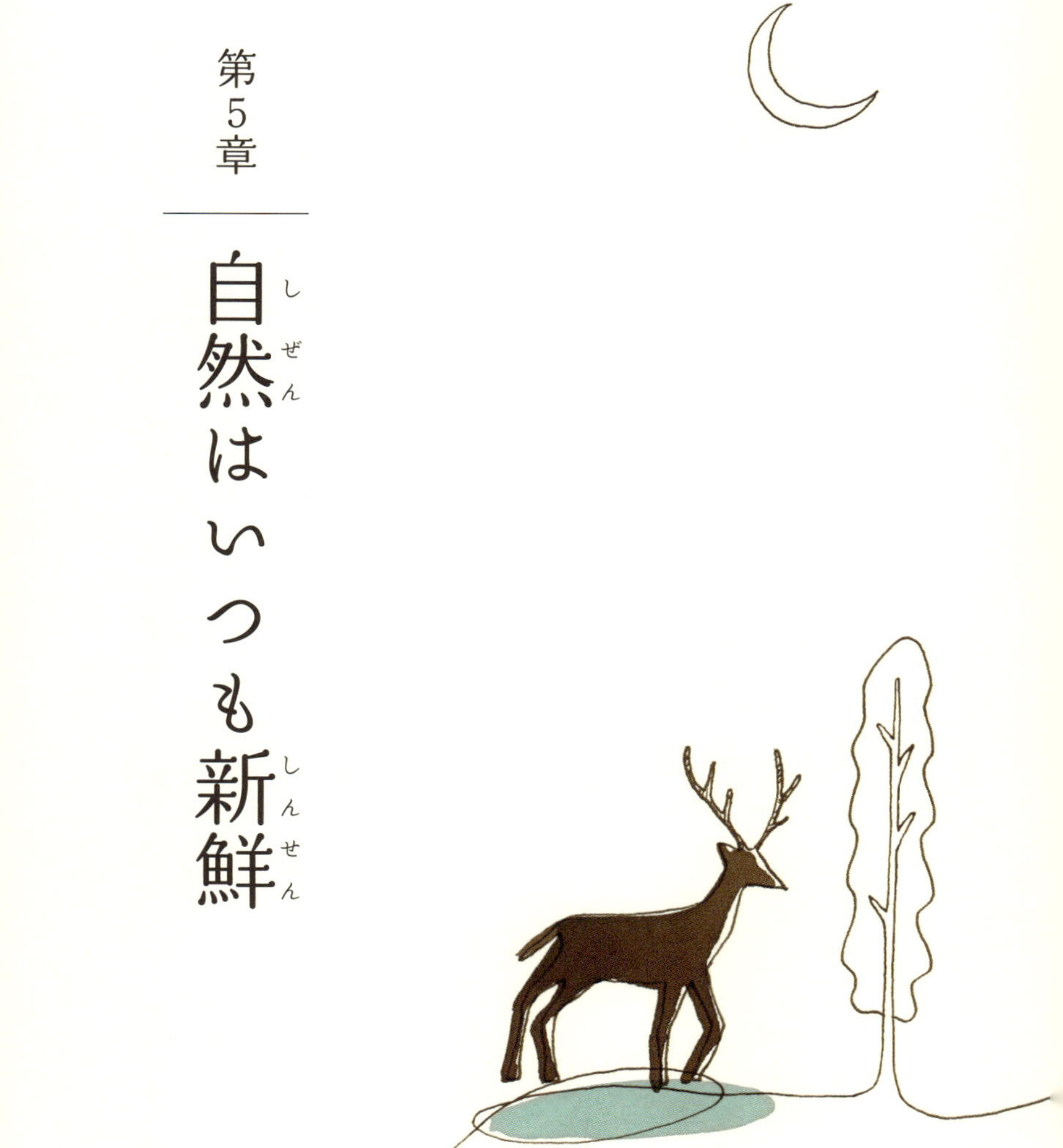

自然《しぜん》と共《とも》に

八ヶ岳《やつがたけ》に家《いえ》を建《た》てることになり、家《いえ》の設計図《せっけいず》と庭《にわ》の配置《はいち》などを考《かんが》えているとき、できればビオトープを作《つく》りたいと思《おも》った。「ビオトープ」とはドイツ語《ご》で、「野生《やせい》の生物《せいぶつ》が暮《く》らす場所《ばしょ》」という意味《いみ》である。日本《にっぽん》では自然《しぜん》に近《ちか》い状態《じょうたい》の水場《みずば》を指《さ》す言葉《ことば》として近年使《きんねんつか》われているが、本来《ほんらい》はもっと広《ひろ》い範囲《はんい》を含《ふく》む里山《さとやま》のような環境《かんきょう》を言《い》うようだ。

私《わたし》の家《いえ》の周辺《しゅうへん》には、川《かわ》のような場所《ばしょ》は幾筋《いくすじ》もあるが、普段《ふだん》は水《みず》が流《なが》れていない。大雨《おおあめ》が降《ふ》った後《あと》だけは、豊《ゆた》かな流《なが》れとなるが、普段《ふだん》は枯《か》れた川《かわ》がほとんどである。庭《にわ》に水辺《みずべ》があるのはいいものだが、一般的《いっぱんてき》には池《いけ》を作《つく》ることが多《おお》い。私《わたし》の家《いえ》は森《もり》の中《なか》なので、セメントで固《かた》めた池《いけ》よりは、自然《しぜん》にできた水溜《みずたま》りのような場所《ばしょ》を作《つく》りたいと思《おも》った。そこでビオトープが思《おも》い浮《う》かんだ。近年《きんねん》の地球温暖化《ちきゅうおんだんか》による気候変《きこうへん》動《どう》や、生物多様性《せいぶつたようせい》の減少《げんしょう》などで、地球規模《ちきゅうきぼ》での環境対策《かんきょうたいさく》が言《い》われている。そんな中《なか》でビオトープは、個人《こじん》ができる環境回復《かんきょうかいふく》の有効《ゆうこう》な手立《てだ》ての一《ひと》つである。

ビオトープ池《いけ》は、池底《いけぞこ》から壁面全体《へきめんぜんたい》に遮水《しゃすい》シートを張《は》り、その上《うえ》に粘土質《ねんどしつ》の土《つち》や石《いし》を置《お》いたりするが、水漏《みずも》れを起《お》こすこともあり、素人《しろうと》が作《つく》るのは難《むずか》しい。手作《てづく》りもできるが、八ヶ岳《やつがたけ》の冬《ふゆ》の厳《きび》しい自然《しぜん》を考《かんが》えると、専門家《せんもんか》にお願《ねが》いした方《ほう》がよさそうだった。

引《ひ》っ越《こ》して翌年《よくねん》の春《はる》、ビオトープ作《づく》りの経験《けいけん》があるというガーデンデザイナーを紹介《しょうかい》してもらい、初夏《しょか》には直径《ちょっけい》四メートルくらいの楕円《だえん》のビオトープが出来上《できあ》がった。水《みず》は屋根《やね》に降《ふ》る雨水《あまみず》を利用《りよう》することにした。水辺《みずべ》には菖蒲《しょうぶ》が入《はい》り、周《まわ》りには八ヶ岳《やつがたけ》の環境《かんきょう》にあった山《やま》ツツジやヤマボウシ、カエデ、シャクナゲ、山《やま》アジサイなどが植《う》えられ、予想以上《よそういじょう》に涼《すず》やかな空間《くうかん》になった。程《ほど》なくしてミズスマシ、ゲンゴロウ、タガメなどが水《みず》の上《うえ》を泳《およ》ぎ始《はじ》めた。それから一月位経《ひとつきくらいた》った七月《がつ》のある夜《よ》、ビオトープの方向《ほうこう》からカエルの鳴《な》き声《ごえ》が聞《き》こえてきた。家《いえ》では初《はじ》めてのことで、夫《おっと》と二人《ふたり》驚《おどろ》くとともに感激《かんげき》した。

我《わ》が家《や》の周辺《しゅうへん》には水場《みずば》がないのに、にぎやかな鳴《な》き声《ごえ》の主《あるじ》は、何処《どこ》から来《き》たのか、不思議《ふしぎ》だった。カエルが来《き》たことに気《き》を良《よ》くして、私《わたし》はホームセンターでメダカを二十四匹買《ぴきか》って放《はな》した。二十四匹《ぴき》は、広《ひろ》い池《いけ》の中《なか》ではほとんど姿《すがた》が見《み》えない。冬《ふゆ》にはマイナス一〇度前後《どぜんご》になる環境《かんきょう》で、越冬《えっとう》できるかどうか分《わ》からなかったから、とりあえず試《ため》してみるつもりで入《い》れたのだ。

十二月初旬《がつしょじゅん》から雪《ゆき》が降《ふ》り出《だ》し、池《いけ》の表面《ひょうめん》も凍《こお》るようになった。それから三月《がつ》まで、凍《こお》った池《いけ》の面《おもて》に雪《ゆき》が積《つ》もり、生《い》き物《もの》がどうなっているか、皆目見当《かいもくけんとう》がつかない冬眠《とうみん》状態《じょうたい》だった。

四月《がつ》になり、ようやく八ヶ岳《やつがたけ》にも、遅《おそ》い春《はる》が訪《おとず》れた。ゴールデンウイークの頃《ころ》に山桜《やまざくら》が咲《さ》き、芽《め》ぶきの季節《きせつ》には、様々《さまざま》な鳥《とり》がビオトープにやって来《き》た。鳴《な》き声《ごえ》の判《はん》別《べつ》もつかず、ほとんど名前《なまえ》も分《わ》からないが、水辺《みずべ》を求《もと》めて鳥《とり》がやってくるのだ。そのころ池《いけ》にはカエルのゼリー状《じょう》の卵《たまご》も沢山《たくさん》浮《う》いていた。夜《よる》にはシカやタヌキ、キツネなどが水《みず》を飲《の》みに来《き》ていることだろう。ビオトープが生物《せいぶつ》を招《まね》いていることがわかり、豊《ゆた》かな気持《きも》ちになった。

そして七月初《がつはじ》めのある朝《あさ》、夫《おっと》が「池《いけ》にメダカ入《い》れた？」と聞《き》いてきた。以前夫《いぜんおっと》には話《はな》したはずだが、その後全《ごまった》く姿《すがた》を見《み》なかったから忘《わす》れたのだろう。メダカが沢山《たくさん》泳《およ》いでいるというのだ。見《み》に行《い》くとまだ小《ちい》さいメダカが無数《むすう》に泳《およ》いでいる。卵《たまご》から孵《かえ》ったようだ。ホームセンターのメダカは、八ケ岳《やつがたけ》の厳《きび》しい冬《ふゆ》を越《こ》すのは無理《むり》だったのだと諦《あきら》めていたので、ことのほかうれしかった。

ホームビオトープを成功《せいこう》させるには、幾《いく》つかの環境《かんきょう》が必要《ひつよう》といわれる。まず生《い》き物《もの》が隠《かく》れることのできる草地《くさち》や木《き》があること、果樹《かじゅ》を含《ふく》む菜園《さいえん》、花壇《かだん》、小《ちい》さな林《はやし》、水辺《みずべ》、待避場所《たいひばしょ》などがあることだ。ビオトープは、食物連鎖《しょくもつれんさ》の豊《ゆた》かな環境《かんきょう》を庭《にわ》に作《つく》ることが目的《もくてき》だからだ。草《くさ》があればバッタや蝶《ちょう》がやってくる。すると、これらの草《そう》食性《しょくせい》の生《い》き物《もの》を餌《えさ》とするカマキリ、トンボ、アシナガバチなどの肉食性《にくしょくせい》の生《い》き物《もの》が生息《せいそく》できる。そしてこれらを食《た》べる野鳥《やちょう》が飛来《ひらい》するということだ。

森《もり》の中《なか》には元々豊《もともとゆた》かな自然《しぜん》があるから、そのままで人間《にんげん》が手《て》を加《くわ》える必要《ひつよう》はないと思《おも》うかもしれない。けれども、人間《にんげん》が住《す》み始《はじ》めることによって、元々《もともと》の自然《しぜん》のバランスを崩《くず》してしまう。人《ひと》が生《い》きるということは、自然《しぜん》の恩恵《おんけい》を沢山《たくさん》受《う》けているのだから、自然《しぜん》を豊《ゆた》かにするために、人間《にんげん》は何《なに》ができるかを考《かんが》えて生活《せいかつ》しなくてはならない。ビオトープを作《つく》ることにより、私《わたし》はそのことをより深《ふか》く考《かんが》えるようになった。

庭《にわ》の花《はな》や、野菜《やさい》、果実《かじつ》は自分《じぶん》が楽《たの》しむためのものとしか、以前《いぜん》は考《かんが》えなかった。自然《しぜん》と人間《にんげん》の関係《かんけい》を少《すこ》し考《かんが》えれば、人間《にんげん》の都合《つごう》だけの行動《こうどう》は、自然破壊《しぜんはかい》につながることはすぐわかる。そういう視点《してん》がなかったことを恥《は》ずかしく思《おも》う。野鳥《やちょう》や昆虫《こんちゅう》など野生《やせい》の生《い》き物《もの》が生息《せいそく》できる場《ば》を作《つく》ることは、人間《にんげん》の豊《ゆた》かさにつながる。

都会《とかい》に住《す》んでいても、ビオトープは作《つく》ることができる。小《ちい》さな庭《にわ》があれば、花《はな》や果樹《かじゅ》、野菜《やさい》を植《う》え菜園《さいえん》にしたり、小鳥《ことり》のための水盤《すいばん》を置《お》いたりするだけでも、生態《せいたい》系《けい》の豊《ゆた》かさにつながる。ベランダでも同《おな》じことがいえる。これらはささやかな取《と》り組《く》みであるが、多《おお》くの人《ひと》が自分《じぶん》の生活《せいかつ》と自然《しぜん》との結《むす》びつきを考《かんが》えて、生活《せいかつ》することにより、自然環境《しぜんかんきょう》の回復《かいふく》に貢献《こうけん》することができるのだ。

すべてに生《い》かされるもの

『BORN BELIEVERS』という題《だい》の本《ほん》がある。訳《やく》すと「生《う》まれながらの信仰者《しんこうしゃ》」という意味《いみ》だ。著者《ちょしゃ》は、発達心理学者《はったつしんりがくしゃ》で、オックスフォード大学《だいがく》の人類学部《じんるいがくぶ》の教授《きょうじゅ》をしている、ジャスティン・バーレット氏《し》である。

バーレット博士《はくし》は、脳科学《のうかがく》、心理学《しんりがく》、発達心理学《はったつしんりがく》の立場《たちば》から検証《けんしょう》し、人間《にんげん》は生《う》まれてから一歳《さい》になるまでに誰《だれ》でも〝自然《しぜん》〟に信仰心《しんこうしん》を持《も》つようになるというのだ。

バーレット博士《はくし》は、その信仰心《しんこうしん》を「自然宗教《しぜんしゅうきょう》」と呼《よ》ぶ。

それについて論《ろん》じた『宗教《しゅうきょう》はなぜ都会《とかい》を離《はな》れるか？』(谷口雅宣著《たにぐちまさのぶちょ》、生長《せいちょう》の家刊《いえかん》)では、「自然宗教《しぜんしゅうきょう》」の内容《ないよう》を以下《いか》のように要約《ようやく》している。

一、この世界《せかい》には、人間《にんげん》を超《こ》えた存在《そんざい》がある
二、その超人的存在《ちょうじんてきそんざい》が自然界《しぜんかい》を創造《そうぞう》した
三、その超人的存在《ちょうじんてきそんざい》は、時間的空間的《じかんてきくうかんてき》に制約《せいやく》される
四、その超人的存在《ちょうじんてきそんざい》は、人格《じんかく》をもった存在《そんざい》である
五、その超人的存在《ちょうじんてきそんざい》は、人《ひと》を裁《さば》いたり褒《ほ》めたりする
六、その超人的存在《ちょうじんてきそんざい》のもつ道徳規律《どうとくきりつ》は変《か》わらない
七、人間《にんげん》は死後不滅《しごふめつ》である

生後《せいご》一歳《さい》の赤《あか》ちゃんは、特定《とくてい》の宗教《しゅうきょう》について知識《ちしき》があるわけでもなく、誰《だれ》か神《かみ》について教《おし》えることもできない。それにもかかわらず信仰心《しんこうしん》が生《う》まれるのは、子供《こども》が生《う》まれてから、どのように育《そだ》っていくかを見《み》ることによって、解明《かいめい》できるという。生《う》まれてすぐの子供《こども》は話《はな》すことも歩《ある》くこともできない。お腹《なか》が空《す》いておっぱいがほ

しいときや、おむつが濡《ぬ》れて気持《きも》ち悪《わる》い時《とき》には、赤《あか》ちゃんは泣《な》くことによって、自《じ》分《ぶん》の欲求《よっきゅう》を訴《うった》える。するとお母《かあ》さんは、おむつを替《か》えてくれたり、おっぱいを与《あた》えてくれる。そのことにより、生後《せいご》三カ月《げつ》くらいには、自分《じぶん》を無条件《むじょうけん》で助《たす》けてくれる人《ひと》の存在《そんざい》を信《しん》じるようになり、笑《わら》ったり、小声《こごえ》を出《だ》したりする。

何《なに》も持《も》たず、何《なに》もできない存在《そんざい》でも、助《たす》けられ、守《まも》られて生《い》きることができる体《たい》験《けん》を通《つう》じて本能的《ほんのうてき》に、偉大《いだい》な存在《そんざい》、超越的存在《ちょうえつてきそんざい》の実在《じつざい》を感《かん》じるようになるということだ。そのようにして幼子《おさなご》は、世界《せかい》を肯定的《こうていてき》に捉《とら》えて、何《なに》を見《み》ても興味《きょうみ》を持《も》ち、手《て》に取《と》って見《み》たくなり、時《とき》には何《なん》でも口《くち》に入《い》れて、親《おや》を驚《おどろ》かせる。

子供《こども》が持《も》つこのような感性《かんせい》は、やがて成長《せいちょう》するにつれ、現実世界《げんじつせかい》の知識《ちしき》を身《み》に付《つ》けることによって、失《うしな》われていく。そして大人《おとな》になると、何《なに》にでも感動《かんどう》する心《こころ》は無《な》くなってしまったように見《み》える。ところがそんな大人《おとな》が、森《もり》の中《なか》に入《はい》ると、幼子《おさなご》の感覚《かんかく》を取《と》り戻《もど》すのだ。

山梨県北杜市《やまなしけんほくとし》の大泉町《おおいずみちょう》と高根町清里《たかねちょうきよさと》にまたがって、キープ協会《きょうかい》がある。ここは

アメリカ人《じん》の宣教師《せんきょうし》、ポール・ラッシュによって創立《そうりつ》された、ボランティア精神《せいしん》とフロンティア精神《せいしん》に基《もと》づく教育機関《きょういくきかん》である。二〇一六年《ねん》の七月末《がつまつ》、生長《せいちょう》の家《いえ》の講師《こうし》の勉強会《べんきょうかい》である国際教修会《こくさいきょうしゅうかい》が大泉町《おおいずみちょう》の「生長《せいちょう》の家国際本部《いえこくさいほんぶ》〝森《もり》の中《なか》のオフィス〟」で開催《かいさい》された。そのプログラムの中《なか》に、キープ協会《きょうかい》の協力《きょうりょく》を得《え》て、環境教育《かんきょうきょういく》の実習《じっしゅう》が取《と》り入《い》れられた。自然解説《しぜんかいせつ》といわれるもので、森《もり》の中《なか》に入《はい》って、自然《しぜん》と親《した》しむのだ。その方法《ほうほう》は色々《いろいろ》あって、インストラクターのもと、いくつかのグループに分《わ》かれ、様々《さまざま》なゲームをする。

私《わたし》のグループは十四、五人《にん》だったが、最初《さいしょ》に森《もり》の中《なか》のものを使《つか》って、自己紹介《じこしょうかい》をした。木《き》や葉《は》っぱ、枯《か》れ木《き》、キノコ、様々《さまざま》な植物《しょくぶつ》、石《いし》、苔《こけ》、木《き》の実《み》、虫《むし》など森《もり》の中《なか》には沢山《たくさん》の植物《しょくぶつ》や動物《どうぶつ》、鉱物《こうぶつ》がある。八分《ぷん》の時間《じかん》が与《あた》えられて、自己紹介《じこしょうかい》に使《つか》うものを探《さが》す。初《はじ》めての経験《けいけん》で途方《とほう》に暮《く》れながら、それでもそれぞれの人《ひと》が面白《おもしろ》いものを見《み》つけていた。自然《しぜん》のものを使《つか》って、自分《じぶん》を表現《ひょうげん》するのは難《むずか》しいように思《おも》われるが、結局《けっきょく》は様々《さまざま》なものの中《なか》から興味《きょうみ》のあるもの、これはと思《おも》うものしか目《め》に入《はい》らないから、そこに個性《こせい》が現《あらわ》れていて、とても楽《たの》しい自己紹介《じこしょうかい》だった。

ちょうどその頃《ころ》は、タマゴ茸《たけ》というオレンジ色《いろ》の鮮《あざ》やかな食用《しょくよう》キノコの時期《じき》だった。キノコに興味《きょうみ》のある私《わたし》は、その日朝《ひあさ》から「今日《きょう》は森《もり》の中《なか》に入《はい》るから、タマゴ茸《たけ》を見《み》つけられるかもしれない」と、期待《きたい》していた。森《もり》の中《なか》を少《すこ》し歩《ある》くとすぐにタマゴ茸《たけ》が二、三本《ぼん》見《み》つかり、さらにまた二本《ほん》見《み》つけた。「やはりあった」という満足感《まんぞくかん》を味《あじ》わった。自己紹介《じこしょうかい》では、「ブログ[*1]のテーマが『毎日《まいにち》がワクワク』なので、今日《きょう》もワクワクする一日《にち》になるだろうと、期待《きたい》してきたが、思《おも》った以上《いじょう》にワクワク感《かん》を味《あじ》わった」と話《はな》した。

「キノコを見《み》つけること」は、本当《ほんとう》に心躍《こころおど》る楽《たの》しい体験《たいけん》である。それが食用《しょくよう》なら、なおさらで、森《もり》はキノコや山菜《さんさい》、木《き》の実《み》など、人間《にんげん》に沢山《たくさん》の美味《おい》しい物《もの》を与《あた》えてくれるところだ。けれどもそれ以上《いじょう》に、人間《にんげん》の生存《せいぞん》はひとえに森《もり》にかかっている。森《もり》の木《き》があることで、人間《にんげん》の出《だ》す二酸化炭素《にさんかたんそ》を木《き》が吸収《きゅうしゅう》してくれ、また酸素《さんそ》を供給《きょうきゅう》してくれる。この働《はたら》きがなければ、人間《にんげん》は地球《ちきゅう》で生《い》きることができない存在《そんざい》である。

＊1　著者のブログ『恵味な日々』のこと。

カードが配《くば》られて、カードに書《か》かれた条件《じょうけん》のものを探《さが》すということもした。たとえば、「良《よ》い匂《にお》いのもの」「まずそうなもの」「とげとげしたもの」「違《ちが》う二色《しょく》のもの」などだ。森《もり》の中《なか》は一見単調《いっけんたんちょう》に見《み》えるが、実《じつ》にいろいろな色《いろ》、形《かたち》、匂《にお》い、音《おと》、肌《はだ》ざわりを持《も》つものなどがある。それらを無心《むしん》になって探《さが》している姿《すがた》は、皆幼子《みなおさなご》に戻《もど》ったようだった。私《わたし》は子供《こども》の頃《ころ》の、森《もり》での探検《たんけん》の経験《けいけん》を思《おも》い出《だ》すと共《とも》に、森《もり》の清《せい》浄《じょう》な空気《くうき》に安《やす》らぎを覚《おぼ》えて、自然《しぜん》との距離《きょり》がぐっと縮《ちぢ》まったように感《かん》じた。

このような活動《かつどう》のあと、自然《しぜん》の大《おお》きな循環《じゅんかん》の仕組《しく》みを学《まな》んだ。例《たと》えば山《やま》に雨《あめ》が降《ふ》ると、地面《じめん》に浸透《しんとう》し、川《かわ》や海《うみ》に流《なが》れる。木々《きぎ》は育《そだ》ち、田畑《たはた》は潤《うるお》い、動物《どうぶつ》や植物《しょくぶつ》が育《そだ》つ。濾過《ろか》された綺麗《きれい》な地下水《ちかすい》は人間《にんげん》の飲《の》み水《みず》となり、山《やま》の様々《さまざま》な栄養《えいよう》を含《ふく》んだ水《みず》は海《うみ》や川《かわ》の魚《さかな》を豊《ゆた》かに育《そだ》てる。生物《せいぶつ》が多様《たよう》につながり合《あ》って、豊《ゆた》かな人間生活《にんげんせいかつ》が維持《いじ》されていることを改《あらた》めて学《まな》んだ。私《わたし》たちは天地《てんち》の万物《ばんぶつ》に「ありがとう」と何度《なんど》言《い》っても言《い》い過《す》ぎではないのだ。そう思《おも》って周《まわ》りを見《み》ると、自然《しぜん》が親《した》しみを持《も》って近《ちか》づいてくるのである。

想像力《そうぞうりょく》を働《はたら》かせる

生活環境《せいかつかんきょう》が整備《せいび》され、国際化《こくさいか》が進《すす》んだ現代社会《げんだいしゃかい》で生《い》きる私《わたし》たちは、自分《じぶん》の日々《ひび》の暮《く》らしが社会《しゃかい》とどう繋《つな》がり、どの程度《ていど》の影響《えいきょう》を及《およ》ぼしているかを知《し》ることが難《むずか》しくなっている。

昔《むかし》、人々《ひとびと》は小《ちい》さな集落《しゅうらく》で共同生活《きょうどうせいかつ》をしていた。その頃《ころ》は自分《じぶん》の周《まわ》りの山《やま》や川《かわ》、海《うみ》などからの獲物《えもの》の量《りょう》や、耕作地《こうさくち》からの収量《しゅうりょう》はある程度予測《ていどよそく》できた。採《と》れた食料《しょくりょう》を住《じゅう》民《みん》の数《かず》で割《わ》ると、一人《ひとり》の人間《にんげん》の割当量《わりあてりょう》が分《わ》かり、それは人《ひと》が健康《けんこう》で生《い》きていくための必要量《ひつようりょう》を満《み》たすものかどうかも、経験《けいけん》から知《し》ることができた。もし足《た》りなければ、補《おぎな》うための様々《さまざま》な工夫《くふう》がなされたし、時《とき》には人口《じんこう》の制限《せいげん》をすることもあった。過酷《かこく》な生活《せいかつ》ではあるが、犠牲《ぎせい》を最小限《さいしょうげん》にしようと工夫《くふう》した結果《けっか》なのだろう。

このような事実《じじつ》を知《し》ると、昔《むかし》は大変《たいへん》だった、厳《きび》しかったなどの感想《かんそう》を持《も》つが、実際《じっさい》は現代《げんだい》の方《ほう》がもっと悲惨《ひさん》である。今《いま》の世界人口《せかいじんこう》は七十四億《おく》といわれているが、その内《うち》の約《やく》十分《ぶん》の一以上《いじょう》、およそ十億人《おくにん》が飢餓《きが》に苦《くる》しんでいる。七人《にん》に一人《ひとり》の割合《わりあい》だから、とても大《おお》きな数《かず》である。しかも現代《げんだい》の飢餓《きが》は、地球全体《ちきゅうぜんたい》で収穫《しゅうかく》される食糧《しょくりょう》が、不足《ふそく》しているからではないのだ。適切《てきせつ》に栽培《さいばい》され、公正《こうせい》な分配《ぶんぱい》が行《おこな》われれば、飢餓《きが》の問題《もんだい》は起《お》こらないのが今《いま》の世界《せかい》である。にもかかわらず飢餓《きが》が発生《はっせい》するのには、いくつかの理由《りゆう》がある。

肉食《にくしょく》の増大《ぞうだい》、政治《せいじ》の不正《ふせい》、気候変動《きこうへんどう》、紛争《ふんそう》や戦争《せんそう》による社会《しゃかい》の混乱《こんらん》などが挙《あ》げられる。その中《なか》で、大《おお》きな影響《えいきょう》を及《およ》ぼしているのが肉食《にくしょく》だ。人間《にんげん》の生活行動《せいかつこうどう》の傾向《けいこう》として、富《とみ》を多《おお》く手《て》にするに従《したが》い、肉食《にくしょく》の割合《わりあい》が増《ふ》えてくる。経済発展《けいざいはってん》の結果《けっか》、富《とみ》を得《え》た人々《ひとびと》がより多《おお》くの肉《にく》を欲《ほっ》するようになり、需要《じゅよう》を満《み》たすために動物《どうぶつ》を早《はや》く太《ふと》らせる肥育《ひいく》が行《おこな》われ、肥育《ひいく》のため穀物《こくもつ》が動物飼料用《どうぶつしりょうよう》に栽培《さいばい》されているのだ。結果《けっか》として穀物《こくもつ》が人間《にんげん》の口《くち》に入《はい》らず、飢餓《きが》が発生《はっせい》している。人間《にんげん》の欲望《よくぼう》が、飢餓《きが》を生《う》んでいるのだ。

人類《じんるい》の歴史《れきし》は、飢餓《きが》との戦《たたか》いの歴史《れきし》といわれることもある。近年《きんねん》では、第二次世界大戦《だいにじせかいたいせん》の時《とき》、多《おお》くの国《くに》で人々《ひとびと》は戦火《せんか》に逃《に》げまどい、飢《う》えに苦《くる》しんだ。戦後《せんご》の世界《せかい》では、石油《せきゆ》などの化石資源《かせきしげん》による農薬《のうやく》や肥料《ひりょう》の開発《かいはつ》、農業《のうぎょう》の機械化《きかいか》で、食糧《しょくりょう》の増産《ぞうさん》、増収《ぞうしゅう》が可能《かのう》となり、先進諸国《せんしんしょこく》に限《かぎ》っては飢《う》えで苦《くる》しむ人《ひと》はほとんどなくなった。かえって、何《なん》でも手《て》に入《はい》るようになり、栄養過多《えいようかた》や肥満《ひまん》の問題《もんだい》が浮上《ふじょう》している。

食《た》べるものが不足《ふそく》した時代《じだい》を経験《けいけん》した人間《にんげん》にとって、豊《ゆた》かにもののある時代《じだい》を生《い》きることができるのは、有難《ありがた》いことだ。けれども、同《おな》じ世界《せかい》で飢《う》えに苦《くる》しみ、亡《な》くなっていく人《ひと》がいる。

戦後世代《せんごせだい》の私《わたし》は、食料不足《しょくりょうぶそく》の経験《けいけん》をしていない。むしろ食《た》べるものが何時《いつ》でも豊《ゆた》かにある時代《じだい》を生《い》きてきた。そんな私《わたし》は、飢餓《きが》の一因《いちいん》が肉食《にくしょく》にあることを知《し》り、肉食《にくしょく》を止《や》めるようになって、かなりの時間《じかん》が経《た》つ。一人《ひとり》の人間《にんげん》の行動《こうどう》は小《ちい》さくても、その輪《わ》が広《ひろ》がれば、やがて大《おお》きな力《ちから》になることを信《しん》じているからだ。

肉食《にくしょく》はまた、現在《げんざい》の喫緊《きっきん》の課題《かだい》である地球温暖化《ちきゅうおんだんか》にも、大《おお》きな影響《えいきょう》を及《およ》ぼしている。放牧《ほうぼく》のための森林伐採《しんりんばっさい》や長距離輸送《ちょうきょりゆそう》による二酸化炭素《にさんかたんそ》の排出《はいしゅつ》、さらには動物《どうぶつ》のげっぷから出《で》る膨大《ぼうだい》な量《りょう》のメタンガスは、二酸化炭素《にさんかたんそ》の二十倍以上《ばいいじょう》の温室効果《おんしつこうか》になる。

自分《じぶん》の生活《せいかつ》が他《た》の人《ひと》や環境《かんきょう》にどんな影響《えいきょう》を及《およ》ぼしているかを知《し》ることで、人《ひと》は生《せい》活《かつ》を変《か》えようと思《おも》うものである。だから、正《ただ》しく知《し》ることがとても大切《たいせつ》だ。とはいえ、欲望《よくぼう》を満《み》たす生活《せいかつ》が自由《じゆう》にできる状況《じょうきょう》で、欲望《よくぼう》を制御《せいぎょ》するというのは、かなり高度《こうど》な生《い》き方《かた》である。そこで有効《ゆうこう》なのは、想像力《そうぞうりょく》を働《はたら》かせて、もし自分《じぶん》が飢《う》えに苦《くる》しむ状況《じょうきょう》にいたらと考《かんが》えてみることだ。

現代《げんだい》は通信技術《つうしんぎじゅつ》が発達《はったつ》しているから、豊《ゆた》かな社会《しゃかい》で人々《ひとびと》がどんな生活《せいかつ》をしているかが分《わ》かる。飢《う》えに苦《くる》しみ、自分《じぶん》や家族《かぞく》が十分《じゅうぶん》に食《た》べ物《もの》を手《て》に入《い》れられない状況《じょうきょう》にいる時《とき》、有《あ》り余《あま》るほどの食料《しょくりょう》を前《まえ》にして、美味《おい》しいとか不味《まず》いと言《い》っている人《ひと》を見《み》たら、憎《にく》しみに近《ちか》い感情《かんじょう》が湧《わ》いてくるだろう。一人《ひとり》の人間《にんげん》として、どんな人《ひと》にも尊《そん》厳《げん》がある。飢《う》えは人間《にんげん》の尊厳《そんげん》を奪《うば》ってしまうものなのだ。その事《こと》に深《ふか》く思《おも》いを馳《は》せれば、人《ひと》から食料《しょくりょう》を奪《うば》う肉食《にくしょく》を減《へ》らそう、止《や》めようという行動《こうどう》ができるのではないかと思《おも》う。

『大自然讃歌《だいしぜんさんか》』（谷口雅宣《たにぐちまさのぶ》著《ちょ》、生長《せいちょう》の家刊《いえかん》）の中《なか》に、欲望《よくぼう》について書《か》かれているところがある。

「自己《じこ》の欲望《よくぼう》と他者《たしゃ》を思《おも》い遣《や》ることは両立《りょうりつ》するか？」という問《と》いに対《たい》して、「欲望《よくぼう》は肉体維持発展《にくたいいじはってん》のための動力《どうりょく》にして、生物共通《せいぶつきょうつう》の〝炎《ほのお》〟なり、〝生命《いのち》の炎《ほのお》〟なり。（中略《ちゅうりゃく》）欲望《よくぼう》の正《ただ》しき制御《せいぎょ》を忘《わす》るべからず。欲望《よくぼう》を神性表現《しんせいひょうげん》の目的《もくてき》に従属《じゅうぞく》させよ」

という一節《せつ》がある。

欲望《よくぼう》に振《ふ》り回《まわ》され、欲望《よくぼう》の赴《おもむ》くままに生《い》きてはいけないということだ。食欲《しょくよく》が無《な》かったら、肉体《にくたい》を維持《いじ》することはできない。だから、食欲《しょくよく》があることはとても大切《たいせつ》だ。何《なん》らかの病気《びょうき》で食欲《しょくよく》がないというのは、人間《にんげん》にとって危険《きけん》な状態《じょうたい》である。けれども食欲《しょくよく》の赴《おもむ》くままに、何《なん》でも好《す》き放題《ほうだい》、欲《ほ》しいだけ食《た》べていると、やがて肉体《にくたい》に変調《へんちょう》をきたし、健康《けんこう》を損《そこ》ねるだろう。

『大自然讃歌《だいしぜんさんか》』には、人間《にんげん》の中《なか》にある良心《りょうしん》にしたがって欲望《よくぼう》を制御《せいぎょ》することの大切《たいせつ》さが示《しめ》されている。飢餓《きが》に苦《くる》しんでいる人《ひと》が、自分《じぶん》とは関係《かんけい》のない遠《とお》くの人《ひと》とは思《おも》わず、自分《じぶん》が苦《くる》しんでいると想像力《そうぞうりょく》を働《はたら》かせるとき、良心《りょうしん》の声《こえ》に耳《みみ》を傾《かたむ》けることができる。そうした心《こころ》の習慣《しゅうかん》を持《も》てば、「よく生《い》きた」と自分《じぶん》で納得《なっとく》のいくものになるだろう。それは自分自身《じぶんじしん》の幸福《こうふく》に結《むす》び付《つ》くだけでなく、世界《せかい》の平和《へいわ》にもつながる生《い》き方《かた》なのである。

自然《しぜん》はいつも新鮮《しんせん》

私《わたし》の住《す》んでいる八ヶ岳南麓《やつがたけなんろく》に春《はる》が訪《おとず》れるのは遅《おそ》い。平地《へいち》ではすっかり春爛漫《はるらんまん》の四月《がつ》でも、ここではまだストーブが必要《ひつよう》で、ようやく五月《がつ》の連休《れんきゅう》ごろに桜《さくら》が咲《さ》く。桜《さくら》と同《おな》じころ木《き》が芽吹《めぶ》き始《はじ》め、様々《さまざま》な山菜《さんさい》の季節《きせつ》にもなる。春《はる》が一時《いちじ》にどっと押《お》し寄《よ》せる、忙《せわ》しなくも心弾《こころはず》むときである。春《はる》の訪《おとず》れはどの地方《ちほう》でもうれしいものだが、厳《きび》しい寒《さむ》さを経験《けいけん》した所《ところ》では、感慨《かんがい》も一入《ひとしお》である。

山菜《さんさい》は遠《とお》くに出《で》かけなくても、家《いえ》の周《まわ》りで採《と》ることができる。時期《じき》が短《みじか》く限《かぎ》られるので、山菜取《さんさいと》りに精《せい》を出《だ》すのがこの季節《きせつ》だ。ヨモギで草餅《くさもち》を作《つく》るのも毎年《まいとし》の行事《ぎょうじ》になった。行事《ぎょうじ》などというと大《おお》げさだが、殺風景《さっぷうけい》な景色《けしき》から一転《いってん》して、新緑《しんりょく》のさわやかな美《うつく》しさに囲《かこ》まれると気分《きぶん》も華《はな》やぎ、薫《かお》り高《たか》い濃《こ》い緑《みどり》の餅《もち》を腕《うで》まくりして作《つく》りたくなる。ヨモギはいたる所《ところ》に出《で》てくるので、その気軽《きがる》さも気持《きも》ちを前向《まえむ》きにする。つくし、ワラビ、タラの芽《め》、コシアブラ、ウド、コゴミなどが採《と》れる。

私《わたし》が子供《こども》のころ、草餅《くさもち》を売《う》りに来《く》るおじいさんがいた。自転車《じてんしゃ》の後《うし》ろの荷台《にだい》に木《き》の箱《はこ》を積《つ》んでいて、箱《はこ》の中《なか》にヨモギ餅《もち》を入《い》れて得意先《とくいさき》を回《まわ》るのだ。幼《おさな》い私《わたし》には当時《とうじ》おじいさんに見《み》えたが、もしかしたら今《いま》の私《わたし》の年齢《ねんれい》より、若《わか》かったのかもしれない。

私《わたし》の故郷《こきょう》の三重県伊勢《みえけんいせ》では、丸《まる》い餅《もち》ではなくて四角《しかく》い餅《もち》に餡《あん》を挟《はさ》んで半分《はんぶん》に折《お》ったもの二《ふた》つを合《あ》わせた餅《もち》があった。それはさわ餅《もち》と呼《よ》ばれ、白《しろ》い餅《もち》と草餅《くさもち》があった。私《わたし》の記憶《きおく》の中《なか》にある草餅《くさもち》はそれである。おじいさんが売《う》りに来《く》ると、母《はは》はときどき買《か》っていた。そういう形《かたち》の餅《もち》は、全国《ぜんこく》どこにでもあるものだと思《おも》っていたが、ふるさと以外《いがい》では見《み》たことがなく、最近《さいきん》になって、伊勢志摩地方《いせしまちほう》の郷土菓子《きょうどがし》だということを知《し》った。

草餅《くさもち》は香《かお》りがよく、好《す》きなお菓子《かし》であるが、以前《いぜん》はわざわざ自分《じぶん》で作《つく》ろうとは思《おも》

わなかった。八ヶ岳南麓《やつがたけなんろく》に引《ひ》っ越《こ》しをして、ヨモギを身近《みぢか》にふんだんに目《め》にするようになると、せっかく目の前《めまえ》にあるものを使《つか》わなくてはと思《おも》うようになった。ヨモギが万能薬草《ばんのうやくそう》と言《い》われることも、一役買《ひとやくか》っている。

自分《じぶん》で草餅《くさもち》を作《つく》るようになって、すっかり忘《わす》れていた餅売《もちう》りのおじいさんのことを思《おも》い出《だ》した。決《けっ》して親《した》しかった人《ひと》ではないのに、「あの人《ひと》も、自分《じぶん》でヨモギを採《と》り、茹《ゆ》でて潰《つぶ》すという少《すこ》し面倒《めんどう》なことをして草餅《くさもち》を作《つく》っていたのか」と思《おも》うと、親《した》しみを感《かん》じるのである。人《ひと》の心《こころ》に思《おも》い浮《う》かぶことは、生活《せいかつ》や行動《こうどう》と大《おお》いに関係《かんけい》するといわれるが、本当《ほんとう》にそうだと思《おも》った。

ヨモギ餅《もち》のほかには、つくしのきんぴら風《ふう》や卵《たまご》とじ、山菜《さんさい》の天《てん》ぷらやお浸《ひた》し、山《さん》菜《さい》みそなどを楽《たの》しんで作《つく》った。食材《しょくざい》はスーパーやデパート、専門店《せんもんてん》で買《か》うのが一般《いっぱん》的《てき》だが、身近《みぢか》には意外《いがい》と食用《しょくよう》の植物《しょくぶつ》がある。野草《やそう》や山菜《さんさい》だけで生《い》きていけるわけではないが、雑草《ざっそう》と思《おも》っていたものの中《なか》に、食用《しょくよう》になるものが沢山《たくさん》あることを知《し》って驚《おどろ》いた。

食卓《しょくたく》に庭《にわ》や森《もり》からの頂《いただ》きものと共《とも》に、葉《は》っぱや花《はな》も添《そ》えると、自然《しぜん》との距離《きょり》が近《ちか》くなり、潤《うるお》いと豊《ゆた》かさが感《かん》じられるのは不思議《ふしぎ》だ。ちょっとしたメルヘンチックな気分《きぶん》にもなる。私《わたし》たちの古《ふる》い記憶《きおく》の中《なか》に、森《もり》で暮《く》らした経験《けいけん》が刻《きざ》まれており、自《し》然《ぜん》からの恩恵《おんけい》によって生《い》き永《なが》らえてきたことへの深《ふか》い思《おも》いがあるからではないかと考《かんが》えたりする。そうはいっても、実際《じっさい》には自分《じぶん》の家《いえ》の周《まわ》りの自然《しぜん》について、あるいは動物《どうぶつ》や昆虫《こんちゅう》について、まだほとんど何《なに》も知《し》らない。

ある日《ひ》の午後《ごご》、私《わたし》は庭《にわ》に出《で》て花《はな》の手入《てい》れをしていた。その時《とき》ガサゴソと人《ひと》がいるような気配《けはい》がした。誰《だれ》もいないはずなのにと音《おと》のした方《ほう》に行《い》くと、毛《け》のふさふさした狸《たぬき》のような動物《どうぶつ》がいた。狸《たぬき》などの野生動物《やせいどうぶつ》は夜行性《やこうせい》と思《おも》っていたが、真昼《まひる》に彼《かれ》はうろついていた。こんな動物《どうぶつ》が身近《みぢか》にいたのかとびっくりした。彼《かれ》は私《わたし》に見《み》られると慌《あわ》てて隣《となり》の家《いえ》の陰《かげ》に隠《かく》れた。私《わたし》は少《すこ》し怖《こわ》いような気《き》もしたが、それよりも好奇心《こうきしん》が勝《まさ》り、後《あと》を追《お》った。私《わたし》が見《み》つけると、また次《つぎ》の角《かど》まで隠《かく》れて、また私《わたし》が追《お》いかけるということを繰《く》り返《かえ》し、やがて彼《かれ》は隣家《りんか》の前《まえ》の森《もり》の斜面《しゃめん》に逃《に》げていった。

その数日後《すうじつご》、今度《こんど》は朝《あさ》の散歩《さんぽ》で勢《いきお》いよく歩《ある》いていた時《とき》、道《みち》の真《ま》ん中《なか》あたりにいた細《ほそ》い蛇《へび》と遭遇《そうぐう》した。私《わたし》は蛇《へび》が大嫌《だいきら》いである。思《おも》わず「キャー！」と悲鳴《ひめい》を上《あ》げたが、多分誰《たぶんだれ》も聞《き》いていなかったと思《おも》う。蛇《へび》を避《さ》けて通《とお》ったが気《き》になって振《ふ》り返《かえ》ると、蛇《へび》はびくともしない。青大将《あおだいしょう》を見《み》たことはあるが、それよりだいぶ小《ちい》さい。このあたりにいるというヤマカガシかもしれないと思《おも》い、写真《しゃしん》に撮《と》った。蛇《へび》は人間《にんげん》に出会《であ》うとスルスルと逃《に》げていくものだ。けれどもこの蛇《へび》はびくともしないので、もしかしたら、冬眠《とうみん》から目覚《めざ》めたばかりかもしれない。

引《ひ》っ越《こ》した当初《とうしょ》、私《わたし》は車《くるま》で移動《いどう》するだけだったが、次第《しだい》に森《もり》の中《なか》に入《はい》っていくようになった。都会人《とかいじん》にとってよくわからない森《もり》の中《なか》は、危険《きけん》なところのように思《おも》われる。けれども住《す》んでいるうちに、周《まわ》りの自然《しぜん》と親《した》しみ、身近《みぢか》に感《かん》じられるようになるので、決《けっ》して恐《おそ》ろしいところではないとわかってくる。それよりも都会《とかい》の方《ほう》が、怖《こわ》いところがあるのではないかと、今《いま》は思《おも》う。

自然《しぜん》は常《つね》に変化《へんか》し、飽《あ》きることがない。新《あたら》しい体験《たいけん》を次々《つぎつぎ》に与《あた》えてくれる。

いのちのリズム

自宅菜園《じたくさいえん》で、初《はじ》めて紫玉《むらさきたま》ねぎを収穫《しゅうかく》した。大《おお》きさはまちまちで、ペコロス*1のような小《ちい》さいのから、普通《ふつう》に売《う》られている大《おお》きさのものまで、数《かぞ》えると二十五個《こ》あった。私《わたし》の住《す》んでいるところは、*2標高《ひょうこう》一二五〇メートルあり、栽培《さいばい》できる野菜《やさい》や果樹《かじゅ》は限《かぎ》られる。

二〇一三年《ねん》、引《ひ》っ越《こ》しをした最初《さいしょ》の年《とし》に、玉《たま》ねぎの苗《なえ》を見《み》つけて、植《う》えたことがあった。初心者《しょしんしゃ》で何《なに》もわからず、一応黒《いちおうくろ》のビニールマルチをして植《う》えたのであるが、その冬《ふゆ》は観測史上最大《かんそくしじょうさいだい》の雪《ゆき》が二月《がつ》に積《つ》もった。春《はる》になり雪《ゆき》が解《と》けると秋《あき》に植《う》えた玉《たま》ねぎはほとんどなく、数本《すうほん》がドライフラワー状態《じょうたい》で横《よこ》たわっていた。その経験《けいけん》が

＊１　直径３、４センチ程度の大きさの小型の玉ねぎ。
＊２　山梨県北杜市の八ヶ岳南麓。

あったので、玉《たま》ねぎは無理《むり》だろうとずっと思《おも》っていた。

ところが二〇一七年《ねん》、近《ちか》くの千百メートルくらいに住《す》む職員寮《しょくいんりょう》*3の人《ひと》が、玉《たま》ねぎを収穫《しゅうかく》したとインターネット上《じょう》に写真入《しゃしんい》りで紹介《しょうかい》していた。それを見《み》て、もしかしたらわが家《や》でもできるかも知《し》れないと、再度《さいど》挑戦《ちょうせん》したくなった。十月末《がつすえ》、近《ちか》くの野菜直売所《やさいちょくばいじょ》で、無農薬《むのうやく》の玉《たま》ねぎの苗《なえ》が売《う》られているのを見《み》つけ、すぐに購入《こうにゅう》した。

今回《こんかい》はビニールで覆《おお》うのではなく、寒冷紗《かんれいしゃ》をかけることにした。雪《ゆき》が降《ふ》ると雪《ゆき》の重《おも》みで覆《おお》いが地面《じめん》についてしまう恐《おそ》れがあり、大丈夫《だいじょうぶ》かと気《き》になったが、そのままにしておいた。積《つ》もった雪《ゆき》をすべて取《と》り除《のぞ》くのは不可能《ふかのう》だからだ。

そんな過酷《かこく》な環境《かんきょう》にもかかわらず、ほとんどの苗《なえ》が冬《ふゆ》を越《こ》して残《のこ》っていたのはうれしかった。玉《たま》ねぎは北海道《ほっかいどう》の主要《しゅよう》な作物《さくもつ》の一《ひと》つだから、寒《さむ》さに強《つよ》いのだろう。暖《あたた》かい地方《ちほう》の人《ひと》たちは、五月《がつ》から六月《がつ》には玉《たま》ねぎが収穫《しゅうかく》できるようだ。収穫《しゅうかく》された玉《たま》ねぎの写真《しゃしん》がインターネット上《じょう》に紹介《しょうかい》されると、私《わたし》の畑《はたけ》の小《ちい》さい玉《たま》ねぎは見劣《みおと》りし、焦《あせ》る思《おも》いが出《で》てくる。「気候《きこう》が違《ちが》うのだから、ここでは待《ま》たなくてはいけない」と、

＊3　生長の家国際本部職員の寮のこと。

自分《じぶん》に言《い》い聞《き》かせ納得《なっとく》した。実際《じっさい》、時間《じかん》の経過《けいか》と共《とも》に少《すこ》しずつ大《おお》きくなっていった。玉《たま》ねぎは収穫《しゅうかく》の時期《じき》を教《おし》えてくれる数少《かずすく》ない野菜《やさい》だそうだ。地上《ちじょう》に出《で》ている青《あお》いねぎの部分《ぶぶん》が横《よこ》に倒《たお》れたら、収穫《しゅうかく》の時期《じき》だという。

雨《あめ》の続《つづ》いた七月初旬《がっしょじゅん》、とうとうねぎが倒《たお》れた。いよいよ収穫時期《しゅうかくじき》であるが、連日《れんじつ》の大雨《おおあめ》で収穫《しゅうかく》ができない。玉《たま》ねぎが腐《くさ》ってしまうのではないかと気《き》をもんだ。七夕《たなばた》の日《ひ》の朝《あさ》、どんよりした空《そら》だったが辛《かろ》うじて雨《あめ》は止《や》んでいた。夫《おっと》と二人《ふたり》でこの時《とき》とばかり玉《たま》ねぎを収穫《しゅうかく》した。全《まった》くの無農薬《むのうやく》、無化学肥料《むかがくひりょう》で、植《う》えたときは多忙《たぼう》でコンポストで作《つく》った肥料《ひりょう》を入《い》れる時間《じかん》もなかった。それにもかかわらず、大小様々《だいしょうさまざま》とはいえ二十五個《こ》もできたのであるから、大満足《だいまんぞく》の収穫《しゅうかく》である。

私《わたし》は時間《じかん》に余裕《よゆう》があるわけではないが、それでも暇《ひま》を見《み》つけては、野菜《やさい》や花《はな》をせっせと育《そだ》てている。理由《りゆう》は簡単《かんたん》で、花《はな》が咲《さ》いたり、野菜《やさい》が収穫《しゅうかく》できるのは楽《たの》しいからだ。もちろん途中《とちゅう》には、様々《さまざま》な世話《せわ》がいる。雑草《ざっそう》を抜《ぬ》いたり、必要《ひつよう》な場合《ばあい》は支《ささ》えを施《ほどこ》し、虫《むし》がついたり、弱《よわ》っているときには、それなりに世話《せわ》をする。限《かぎ》られた時間《じかん》でできることをし、手《て》が回《まわ》らなくても、それはそれで仕方《しかた》がない。こんないい加減《かげん》な植物《しょくぶつ》との付《つ》き合《あ》いでも、それなりに花《はな》や野菜《やさい》は応《こた》えてくれる。

私《わたし》が世話《せわ》をするといっても、本当《ほんとう》は太陽《たいよう》や水《みず》、土《つち》、昆虫《こんちゅう》などの力《ちから》で、植物《しょくぶつ》は育《そだ》ち、花《はな》が咲《さ》き、実《み》を結《むす》ぶのである。人間《にんげん》が世話《せわ》をしているのではなくて、植物《しょくぶつ》に人間《にんげん》の方《ほう》が世話《せわ》をしてもらっているのかもしれない。花《はな》や野菜《やさい》を育《そだ》てることで、人《ひと》は心《こころ》が満《み》たされ、豊《ゆた》かな気持《きも》ちになる。だから育《そだ》ててもらっているといってもいいのだろう。そのように考《かんが》えると、人間《にんげん》は周《まわ》りの環境《かんきょう》によって、本当《ほんとう》に生《い》かされているのだなあと思《おも》う。

野菜《やさい》を育《そだ》てることで、天気《てんき》や気温《きおん》に敏感《びんかん》になり、さらに知識《ちしき》として知《し》っていた、地域《ちいき》によって作物《さくもつ》の収穫期《しゅうかくき》が違《ちが》うということを、インターネットの普及《ふきゅう》により現実《げんじつ》の問題《もんだい》として理解《りかい》した。そして心《こころ》からわかったことは、地産地消《ちさんちしょう》、旬産旬消《しゅんさんしゅんしょう》の意《い》味《み》である。私《わたし》の住《す》んでいるところは、六月《がつ》でも日《ひ》によってはストーブを焚《た》きたいと思《おも》うほど、寒《さむ》い日《ひ》がある。植物《しょくぶつ》もそんな気候《きこう》と共《とも》に花《はな》を咲《さ》かせ、実《み》を結《むす》ぶ。私《わたし》の体《からだ》も、植物《しょくぶつ》と同《おな》じように寒《さむ》さや暑《あつ》さを感《かん》じている。だからその時期《じき》に、その土地《とち》で旬《しゅん》を迎《むか》えたものを体《からだ》の中《なか》に取《と》り入《い》れるのが、命《いのち》の営《いとな》みのリズムに合《あ》っているのだろうということだ。旬《しゅん》の食材《しょくざい》は栄養価《えいようか》も高《たか》く、その上美味《うえおい》しいのだから、可能《かのう》な限《かぎ》り取《と》り入《い》れたい。

近《ちか》くの野菜《やさい》の直売所《ちょくばいじょ》では、地元《じもと》で採《と》れた旬《しゅん》のものしか売《う》っていない。一般《いっぱん》のスーパーで春先《はるさき》から売《う》っているエンドウ類《るい》は、六月《がつ》の中旬《ちゅうじゅん》になってやっと出《で》てくる。それを宝物《たからもの》のように思《おも》い、グリンピースを入《い》れた豆《まめ》ごはんや、絹《きぬ》さやの卵《たまご》とじなどを私《わたし》は作《つく》る。豆《まめ》ごはんの好《す》きな夫《おっと》は、「おう、グリンピースだ」と喜《よろこ》ぶ。

年中《ねんじゅう》、夏《なつ》の野菜《やさい》も冬《ふゆ》の野菜《やさい》も手《て》に入《はい》る今《いま》の暮《く》らしは、季節感《きせつかん》を忘《わす》れる。それはまた、旬《しゅん》の味覚《みかく》を味《あじ》わう経験《けいけん》が、抜《ぬ》け落《お》ちてしまうことにもつながる。そんなことは人生《じんせい》の大《おお》きな問題《もんだい》と比《くら》べたら、些細《ささい》なことだと思《おも》うかもしれない。けれども、人間《にんげん》は食《た》べることによって、命《いのち》を長《なが》らえる。旬《しゅん》の食事《しょくじ》の滋味《じみ》がわかる鋭敏《えいびん》な感覚《かんかく》は、日《にち》常《じょう》に起《お》こるさまざまな出来事《できごと》にどう対処《たいしょ》するかという、人間《にんげん》の心《こころ》の動《うご》きと無関係《むかんけい》ではないだろう。何《なに》を食《た》べるか、どのように食《た》べるかは、本当《ほんとう》は人生《じんせい》の大事《だいじ》と深《ふか》い関《かん》係《けい》にある。だから食事《しょくじ》は大切《たいせつ》で、菜園《さいえん》やプランターでささやかでも野菜《やさい》を育《そだ》てることは、人《ひと》の命《いのち》の営《いとな》みと深《ふか》いところでつながっていると思《おも》う。

「ムスビ」という愛《あい》

二〇一八年《ねん》の七月《がつ》二十八、二十九日《にち》に山梨県北杜市《やまなしけんほくとし》の生長《せいちょう》の家国際本部《いえこくさいほんぶ》で、「世界《せかい》平和《へいわ》のための生長《せいちょう》の家国際教修会《いえこくさいきょうしゅうかい》」が開催《かいさい》された。出席者《しゅっせきしゃ》は、日本国内《にっぽんこくない》の本部講師《ほんぶこうし》、本部講師補《ほんぶこうしほ》と海外《かいがい》からの幹部《かんぶ》で、総勢《そうぜい》二百七十八人《にん》が参加《さんか》した。海外《かいがい》からは、ブラジルを筆頭《ひっとう》にアメリカ合衆国《がっしゅうこく》、そしてメキシコ、チリ、パラグアイ、アルゼンチンなどラテンアメリカ諸国《しょこく》、ヨーロッパからはドイツ、スイス、さらに中華民国《ちゅうかみんこく》、韓国《かんこく》、中華人民共和国《ちゅうかじんみんきょうわこく》などだ。

教修会《きょうしゅうかい》は、生長《せいちょう》の家《いえ》の講師《こうし》や幹部《かんぶ》が、教義《きょうぎ》についてより深《ふか》く学《まな》ぶと共《とも》に、教《おし》えの理解《りかい》が独善的《どくぜんてき》にならず普遍的視点《ふへんてきしてん》を持《も》つために開催《かいさい》される。中《なか》でも国際教修会《こくさいきょうしゅうかい》は、国際化《こくさいか》の進《すす》んだ現在《げんざい》、生長《せいちょう》の家《いえ》も海外《かいがい》に多《おお》くの信仰者《しんこうしゃ》がいるが、文化《ぶんか》の違《ちが》いから同《おな》じことでも捉《とら》え方《かた》が違《ちが》う場合《ばあい》もあるので、それらをなるべく解消《かいしょう》しようという目的《もくてき》で開催《かいさい》される。

現在《げんざい》の社会《しゃかい》は、国際化《こくさいか》の影響《えいきょう》で画一化《かくいつか》が進《すす》み、人々《ひとびと》は流動《りゅうどう》し、個人《こじん》の帰属意識《きぞくいしき》が希薄《きはく》になっている。地球温暖化《ちきゅうおんだんか》も、そうした社会《しゃかい》の変化《へんか》に拍車《はくしゃ》をかける。温暖化《おんだんか》の影響《えいきょう》で気候変動《きこうへんどう》が起《お》こり、自然災害《しぜんさいがい》が頻発《ひんぱつ》し、農作物《のうさくぶつ》にも被害《ひがい》が及《およ》んでいる。貧《まず》しい国《くに》の災害《さいがい》の犠牲者《ぎせいしゃ》や、干《かん》ばつによる飢餓《きが》で苦《くる》しむ人々《ひとびと》は難民《なんみん》となり、豊《ゆた》かな先進《せんしん》国《こく》に救《すく》いを求《もと》めて殺到《さっとう》しているのが今《いま》の世界《せかい》だ。これらの諸要素《しょようそ》が絡《から》み合《あ》い、極端《きょくたん》な自国中心主義《じこくちゅうしんしゅぎ》や外国人排除《がいこくじんはいじょ》の動《うご》きが見《み》られる。国《くに》や人々《ひとびと》が、融和《ゆうわ》ではなく対立《たいりつ》、他者排斥《たしゃはいせき》の方向《ほうこう》に向《む》かっている。

そのような現状《げんじょう》に危機感《ききかん》を抱《いだ》いている生長《せいちょう》の家《いえ》では、「ムスビの働《はたら》きを生活《せいかつ》の中《なか》で実践《じっせん》しよう」と呼《よ》びかけている。「ムスビ」というのはいかにも日本的《にほんてき》で、国際《こくさい》的《てき》に通用《つうよう》する価値《かち》と思《おも》えないのが、多《おお》くの人《ひと》の感想《かんそう》かもしれない。そうしたことも

あり、今回《こんかい》の国際《こくさい》教修会《きょうしゅうかい》のテーマは「ムスビの概念《がいねん》の普遍性《ふへんせい》を学《まな》ぶ」というものだった。

そもそも「ムスビ」というのは、愛《あい》のことであり、男女《だんじょ》の執着《しゅうちゃく》を伴《ともな》った「愛《あい》」ではなく、もっと深遠《しんえん》な意味《いみ》を持《も》っている。人《ひと》と人《ひと》を結《むす》びつけ、孤立《こりつ》ではなく助《たす》け合《あ》い、与《あた》え合《あ》いに導《みちび》き、より高《たか》い価値《かち》を生《う》み出《だ》すのが「ムスビの働《はたら》き」である。それは、世界共通《せかいきょうつう》の価値《かち》だ。男女《だんじょ》の結婚《けっこん》は、ムスビの働《はたら》きの典型《てんけい》ともいえる。結婚《けっこん》の当初《とうしょ》は執着《しゅうちゃく》の愛《あい》の側面《そくめん》があるかもしれないが、家庭《かてい》を築《きず》き、子供《こども》をもうけ育《そだ》てるには、自己《じこ》を超《こ》えた愛《あい》がなくては、夫婦《ふうふ》も子供《こども》も健全《けんぜん》な成長《せいちょう》を遂《と》げることができない。結婚《けっこん》は、その過程《かてい》で愛《あい》を表現《ひょうげん》する素晴《すば》らしい機会《きかい》であり、人間《にんげん》が究極的《きゅうきょくてき》に求《もと》めている天国《てんごく》の雛形《ひながた》の実現《じつげん》なのだ。雛形《ひながた》を完成《かんせい》させるには、厳《きび》しく難《むずか》しいことがあるかもしれないが、そこにこそ生《い》きがいや、やりがいが見《み》いだせるだろう。生長《せいちょう》の家《いえ》では立教《りっきょう》の当初《とうしょ》から、創始者《そうししゃ》の谷口雅春先生《たにぐちまさはるせんせい》が、「ムスビの働《はたら》き」の重要性《じゅうようせい》を説《と》かれ、生活《せいかつ》の中《なか》での愛《あい》の実践《じっせん》を促《うなが》された。

自己中心的《じこちゅうしんてき》な愛《あい》を強調《きょうちょう》し、自分《じぶん》の願《ねが》い、思《おも》いが叶《かな》うためには人《ひと》を犠牲《ぎせい》にしてもよいというような風潮《ふうちょう》がある。それは一時的《いちじてき》に人《ひと》を幸《しあわ》せな気持《きも》ちにしてくれるが、長続《ながつづ》きするものではなく、やがては当事者《とうじしゃ》を苦《くる》しめるものになる。日本《にっぽん》の演歌《えんか》の歌《か》詞《し》のように幸《しあわ》せや喜《よろこ》びと共《とも》に悲《かな》しみや憎《にく》しみ、つらい別《わか》れや未練《みれん》の思《おも》いなどが伴《ともな》い、不安定《ふあんてい》なのだ。

ところが、ムスビの働《はたら》きが示《しめ》す愛《あい》は、そのような個人《こじん》の欲望《よくぼう》や執着《しゅうちゃく》を超《こ》えたものである。それはただ与《あた》える、何《なに》も報《むく》いを求《もと》めず与《あた》える愛《あい》だ。そんな愛《あい》は、特別《とくべつ》の人《ひと》だけができることであって、凡人《ぼんじん》は執着《しゅうちゃく》を捨《す》てることができず、自己中心的《じこちゅうしんてき》な生《い》き方《かた》しかできないと思《おも》っている人《ひと》が多《おお》いかもしれない。けれどもすべての人《ひと》の心《こころ》の奥底《おくそこ》には、自己《じこ》を超《こ》えた神《かみ》の愛《あい》がある。

二〇一八年《ねん》は、観測史上最高《かんそくしじょうさいこう》の暑《あつ》さを記録《きろく》した夏《なつ》だった。それに加《くわ》え、西日本《にしにほん》を中心《ちゅうしん》に豪雨《ごうう》があり、二百人《にん》を超《こ》える数《かず》の犠牲者《ぎせいしゃ》を出《だ》した。そんな中《なか》、豪雨《ごうう》のために流《なが》された人《ひと》を助《たす》けようとして、亡《な》くなった人《ひと》がいた。また、息子《むすこ》を亡《な》くした母親《ははおや》がテレビのインタビューに答《こた》えていた。年配《ねんぱい》の母親《ははおや》にとって、年若《としわか》い息子《むすこ》が亡《な》くなったことは、自分《じぶん》が死《し》に直面《ちょくめん》するよりもつらく切《せつ》ないことであったに違《ちが》いない。

「できる事《こと》なら、息子《むすこ》の代《か》わりに私《わたし》が死《し》ねばよかった」

まだ人生《じんせい》これからという若《わか》い人《ひと》の死《し》は、人《ひと》の心《こころ》を萎《な》えさせる。生《い》きる勇気《ゆうき》を失《うしな》い、希望《きぼう》が無《な》くなる。若《わか》さというのは希望《きぼう》であるからだ。これらの例《れい》は、自己《じこ》を超《こ》えた行動《こうどう》に導《みちび》くものが人《ひと》にあることを示《しめ》している。

地球温暖化《ちきゅうおんだんか》の影響《えいきょう》が、いよいよ私《わたし》たちの日常《にちじょう》に現実《げんじつ》の脅威《きょうい》となってきたことを感《かん》じさせる、猛暑《もうしょ》と豪雨《ごうう》の夏《なつ》になった。地球温暖化《ちきゅうおんだんか》の原因《げんいん》は、人類《じんるい》が自己中心的《じこちゅうしんてき》に欲望《よくぼう》を優先《ゆうせん》してエネルギーを大量《たいりょう》に消費《しょうひ》してきたライフスタイルの結果《けっか》である。エネルギーの大量消費《たいりょうしょうひ》は、自然環境《しぜんかんきょう》や生物多様性《せいぶつたようせい》を犠牲《ぎせい》にしてきた。この危機《きき》を乗《の》り越《こ》えるには、少《すこ》し不便《ふべん》でもエネルギーの消費《しょうひ》を減《へ》らすことが大切《たいせつ》だ。それは欲望《よくぼう》を制御《せいぎょ》するという、私《わたし》たち一人一人《ひとりひとり》の生活《せいかつ》を顧《かえり》みる挑戦《ちょうせん》だから、進歩《しんぽ》のチャンスともいえる。困難《こんなん》の中《なか》には必《かなら》ず成長《せいちょう》の機会《きかい》が隠《かく》されている。

今回《こんかい》の国際教修会《こくさいきょうしゅうかい》で「ムスビの働《はたら》き」が取《と》り上《あ》げられたのは、地球温暖化《ちきゅうおんだんか》を喫緊《きっきん》の課題《かだい》と捉《とら》え、他《た》から奪《うば》うのではなく、人間《にんげん》だけでなく自然《しぜん》に対《たい》しても与《あた》える生活《せいかつ》を実践《じっせん》しようという強《つよ》い願《ねが》いがあるからだ。

第6章

講演録《こうえんろく》

〝新《あたら》しい文明《ぶんめい》〟の基礎《きそ》を築《きず》くために

“新《あたら》しい文明《ぶんめい》”の基礎《きそ》を築《きず》くために

皆《みな》さま、ありがとうございます。（拍手《はくしゅ》）

本日《ほんじつ》は白鳩会全国幹部研鑽会《しろはとかいぜんこくかんぶけんさんかい》＊1に、この本部練成道場《ほんぶれんせいどうじょう》＊2をメイン会場《かいじょう》といたしまして、全国《ぜんこく》十六会場《かいじょう》で約《やく》八千名《めい》の白鳩会《しろはとかい》の幹部《かんぶ》の皆《みな》さまにご参加《さんか》いただいております。皆《みな》さま、ようこそお集《あつ》まりくださいました。心《こころ》から感謝歓迎《かんしゃかんげい》申《もう》し上《あ》げます。ありがとうございます。（拍手《はくしゅ》）

ちょうど緑《みどり》の美《うつく》しいこの季節《きせつ》に――今日《きょう》は夏日《なつび》になるという予報《よほう》ですが、全国的《ぜんこくてき》に太陽《たいよう》のマークがついていて、とても良《よ》いお天気《てんき》のようです。そういう中《なか》で皆《みな》さま方《がた》にお会《あ》いできまして、このように研鑽《けんさん》できますことを大変《たいへん》うれしく思《おも》います。あ

＊1　生長の家の女性のための組織である白鳩会の幹部を集めて毎年4月末に開催されている。

＊2　東京都調布市にある生長の家の施設。

りがとうございます。（拍手《はくしゅ》）

本日《ほんじつ》のこの幹部研鑽会《かんぶけんさんかい》は、先《さき》ほどからもお話《はな》しされておりますように、『神《かみ》・自《し》然《ぜん》・人間《にんげん》は本来一体《ほんらいいったい》』の信仰《しんこう》をライフスタイルに表現《ひょうげん》し、〝新《あたら》しい文明《ぶんめい》〟の基礎《きそ》を築《きず》こう！」という統一《とういつ》テーマで、白鳩会《しろはとかい》のテーマは「信仰《しんこう》に根《ね》ざす倫理的《りんりてき》な選択《せんたく》で、心《こころ》はずむ楽《たの》しい生活《せいかつ》を！」というものです。

「〝新《あたら》しい文明《ぶんめい》〟の基礎《きそ》を築《きず》こう！」ということですけれども、それではなぜ〝新《あたら》しい文明《ぶんめい》〟を築《きず》かなければいけないのか？　これまでの――それを〝古《ふる》い文明《ぶんめい》〟といいますけれども、産業革命以来《さんぎょうかくめいいらい》、科学技術《かがくぎじゅつ》の発達《はったつ》と、豊富《ほうふ》な化石燃料《かせきねんりょう》を使《つか》って人類《じんるい》は経済発展《けいざいはってん》を求《もと》めてきました。その結果《けっか》、先進諸国《せんしんしょこく》においては物質的《ぶっしつてき》な豊《ゆた》かさはある程度《ていど》、達成《たっせい》されました。けれども、それで世界《せかい》は平和《へいわ》になったのか、人々《ひとびと》は幸《しあわ》せになったのかといいますと、必《かなら》ずしもそうではありません。今《いま》の世界《せかい》では皆《みな》さまもご存《ぞん》じのように、日本《にっぽん》をはじめとして多《おお》くの国《くに》で人々《ひとびと》が都市《とし》に移動《いどう》しています。つい数年前《すうねんまえ》には世界《せかい》の人口《じんこう》の半分以上《はんぶんいじょう》が都市生活《としせいかつ》をするようになったということですが、もしかしたら今《いま》はもう六割《わり》くらいの人《ひと》になっているかもしれません。その中《なか》で大《おお》きな格差《かくさ》が生《う》まれています。有《あ》り余《あま》るほどの食料《しょくりょう》があり、贅沢品《ぜいたくひん》に囲《かこ》まれている一部《いちぶ》の人《ひと》がいる一方《いっぽう》で、飢《う》えに苦《くる》しむ人《ひと》がいます。貧《まず》しい人《ひと》の数《かず》のほうが平均《へいきん》してみますと多《おお》いわけですね。今《いま》の世界《せかい》の現状《げんじょう》を客観的《きゃっかんてき》に見《み》ると、天国《てんごく》と地獄《じごく》が共《とも》にあるような世界《せかい》ではないかと思《おも》われます。

それとともに、人々《ひとびと》の物質的《ぶっしつてき》な欲望《よくぼう》の飽《あ》くなき追求《ついきゅう》により、地球環境《ちきゅうかんきょう》は破壊《はかい》され、生物多様性《せいぶつたようせい》は損《そこ》なわれ、たくさんのエネルギーの使用《しよう》により、二酸化炭素《にさんかたんそ》が増《ふ》えて、地球《ちきゅう》が温暖化《おんだんか》しています。温暖化《おんだんか》により気候変動《きこうへんどう》が生《しょう》じ、私《わたし》たちの生活《せいかつ》を脅《おびや》かしているというのが、今《いま》の状況《じょうきょう》です。

実際《じっさい》には、日常《にちじょう》の暮《く》らしの中《なか》でそれを実感《じっかん》することは今《いま》のところあまりないかもしれません――先《さき》ほども洪水《こうずい》とか、大嵐《おおあらし》とか、経験《けいけん》された方《かた》のお話《はなし》もありましたが、少《すこ》し遠《とお》くのことと思《おも》っていらっしゃる方《かた》もおられるでしょう。しかし今《いま》の世界《せかい》の現《げん》状《じょう》は、客観的《きゃっかんてき》に、ちょっと離《はな》れたところから見《み》ると危《あぶ》ない状況《じょうきょう》です。

更《さら》に、産業革命以来《さんぎょうかくめいいらい》、特《とく》にヨーロッパをはじめとする先進諸国《せんしんしょこく》、豊《ゆた》かな国々《くにぐに》は発展途上《はってんとじょう》の国《くに》を植民地《しょくみんち》としました。植民地政策《しょくみんちせいさく》というのが採《と》られました。また、その国《くに》の人《ひと》たちを奴隷《どれい》として扱《あつか》うというようなこともありまして、それらは大《おお》きな〝負《ふ》の遺産《いさん》〟として現在《げんざい》の世界《せかい》の多《おお》くの人々《ひとびと》の日常《にちじょう》の暮《く》らしや、政治《せいじ》に影《かげ》を落《お》とし、今《いま》も影響《えいきょう》しているというのがこれまでの文明《ぶんめい》の結果《けっか》です。それを変《か》えていかなくてはいけません。

では、〝新《あたら》しい文明《ぶんめい》〟とはどういうものなのかというと、これまでの人間中心主義《にんげんちゅうしんしゅぎ》、自国中心主義《じこくちゅうしんしゅぎ》、そして人間《にんげん》の欲望《よくぼう》の飽《あ》くなき追求《ついきゅう》から脱《だっ》して、「人間《にんげん》・神《かみ》の子《こ》」の信仰《しんこう》を生活《せいかつ》に生《い》かそうというのが〝新《あたら》しい文明《ぶんめい》〟――私《わたし》たちが目指《めざ》している〝新《あたら》しい文明《ぶんめい》〟の考《かんが》え方《かた》の基礎《きそ》になるものです。「人間《にんげん》・神《かみ》の子《こ》」の信仰《しんこう》を生活《せいかつ》の中《なか》に生《い》かしていこうということです。

そのために、私《わたし》たちは「自然《しぜん》と共《とも》に伸《の》びる運動《うんどう》」を行《おこな》ってきました。自然《しぜん》と共《とも》に伸《の》びる、自然《しぜん》と人間《にんげん》は本来一体《ほんらいいったい》とはどういうことなのかということを、皆《みな》さんと一《いっ》

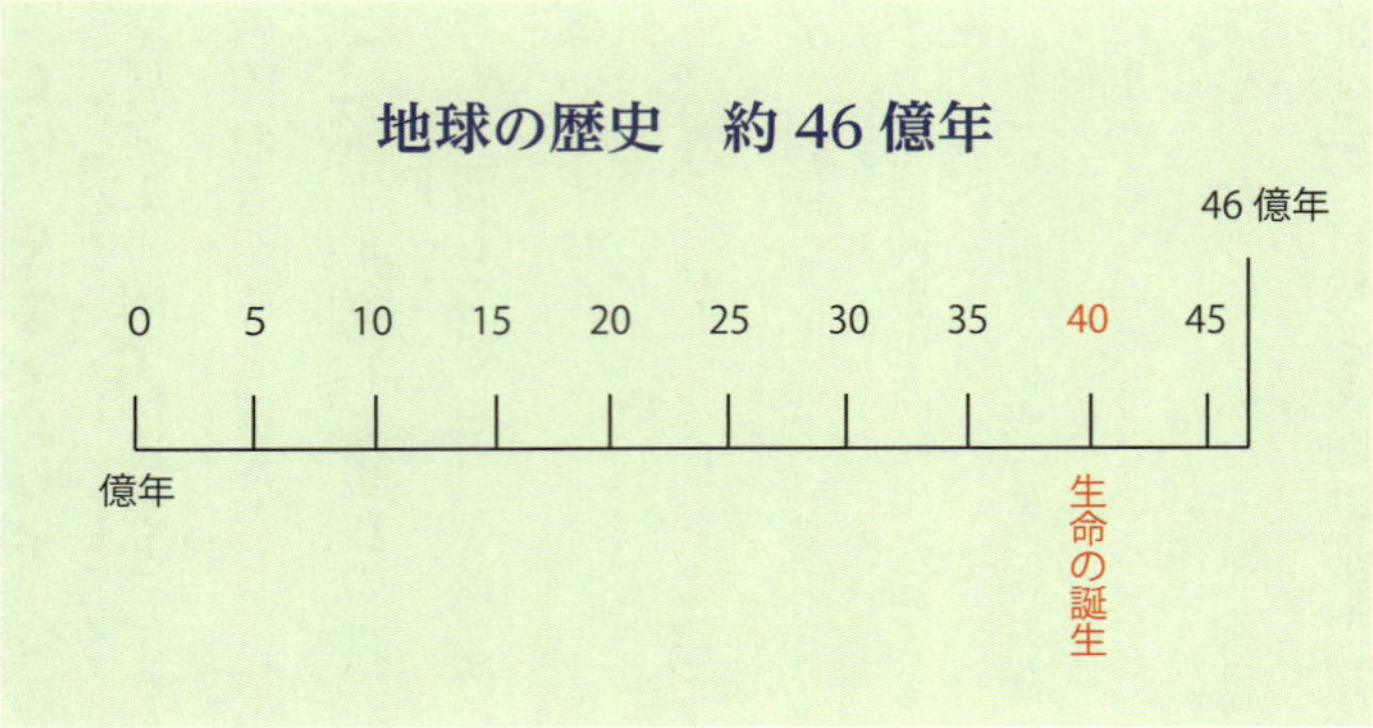

図1

緒《しょ》に考《かんが》えてみたいと思《おも》います。

人類誕生《じんるいたんじょう》を準備《じゅんび》した地球《ちきゅう》の歴史《れきし》

これは地球《ちきゅう》の歴史《れきし》をグラフにしたものですが（図《ず》1）、『大自然讃歌《だいしぜんさんか》』の中《なか》にも書《か》かれてあります。

地球誕生《ちきゅうたんじょう》して四十六億年《おくねん》、

（同書《どうしょ》、一六ページ）

地球誕生《ちきゅうたんじょう》から四十六億年《おくねん》経《た》っています。四十六億年前《おくねんまえ》に地球《ちきゅう》ができました。私《わたし》たち

図2

が生《い》きているこの宇宙《うちゅう》には大小《だいしょう》たくさんの銀河《ぎんが》があるといわれていますが、その中《なか》で地球《ちきゅう》は「天《あま》の川銀河《がわぎんが》」にあります。大小《だいしょう》さまざまな銀河《ぎんが》の中《なか》で「天《あま》の川銀河《がわぎんが》」は普《ふ》通《つう》の大《おお》きさだそうです。地球《ちきゅう》は「天《あま》の川銀《がわぎん》河《が》」の中《なか》の、太陽系《たいようけい》の中《なか》の惑星《わくせい》です。

この四十六億年《おくねん》というのは――人間《にんげん》の平《へい》均寿命《きんじゅみょう》が八十数歳《すうさい》で、長《なが》く生《い》きても百歳前《さいぜん》後《ご》ですから、四十六億年《おくねん》というのはちょっと想像《そうぞう》しても想像《そうぞう》できない大変長《たいへんなが》い時間《じかん》です。四十六億年《おくねん》の歴史《れきし》の中《なか》で、四十億年前《おくねんまえ》に最初《さいしょ》の生命《せいめい》が生《う》まれました。

これは地球《ちきゅう》の位置《いち》です（図《ず》2）。地球型《ちきゅうがた》

惑星《わくせい》と書《か》いてありますが、太陽系《たいようけい》にはたくさんの惑星《わくせい》があって、構成《こうせい》する物質《ぶっしつ》によって地球型惑星《ちきゅうがたわくせい》と、木星型惑星《もくせいがたわくせい》、天王星型惑星《てんのうせいがたわくせい》とに分《わ》けられるそうです。この地球型惑星《ちきゅうがたわくせい》というのは太陽《たいよう》に一番近《いちばんちか》い惑星群《わくせいぐん》です。水星《すいせい》が一番左側《いちばんひだりがわ》にありますが、水星《すいせい》は太陽《たいよう》に一番近《いちばんちか》い位置《いち》です。水星《すいせい》、金星《きんせい》、そして地球《ちきゅう》、火星《かせい》と並《なら》んでいて、地球《ちきゅう》はこの中《なか》で一番大《いちばんおお》きい星《ほし》です。水星《すいせい》と金星《きんせい》は太陽《たいよう》に近《ちか》いのでとても熱《あつ》く、灼熱《しゃくねつ》地獄《じごく》で、もちろん人間《にんげん》は住《す》めません。一方《いっぽう》、地球《ちきゅう》の先《さき》にある火星《かせい》は太陽《たいよう》から遠《とお》いので、寒《さむ》くて寒冷地獄《かんれいじごく》で、ここにも人間《にんげん》は住《す》めません。地球《ちきゅう》だけが――色《いろ》も違《ちが》いますけれども――地球《ちきゅう》だけが生命《せいめい》が生《い》きることができるのですね。

この宇宙《うちゅう》の中《なか》には無数《むすう》の星《ほし》がありますけれども、今現在分《いまげんざいわ》かっているところでは、この地球《ちきゅう》しか生命《せいめい》の存在《そんざい》が確認《かくにん》できる星《ほし》はありません。そこに私《わたし》たちは生《い》きているのです。考《かんが》えればそれはとても不思議《ふしぎ》なことだと思《おも》います。どうして地球《ちきゅう》のような星《ほし》があるのか――この宇宙《うちゅう》は皆《みな》さまご存《ぞん》じのように有害《ゆうがい》な宇宙線《うちゅうせん》、紫外線《しがいせん》などがたくさんありますから生命《せいめい》は生《い》きていけません。ですから、宇宙飛行士《うちゅうひこうし》は宇宙空間《うちゅうくうかん》に

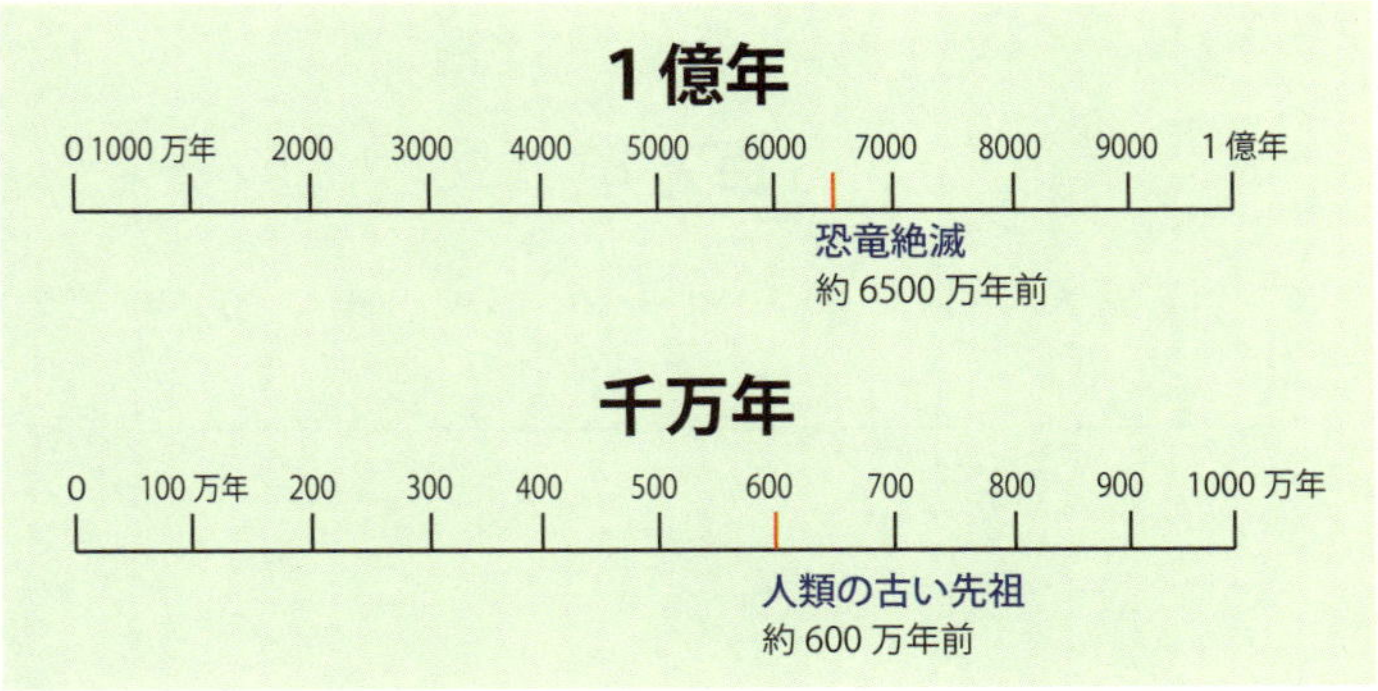

図3

行《い》ったときには宇宙服《うちゅうふく》を着《き》て船外活動《せんがいかつどう》するわけですけれども——私《わたし》たちは宇宙《うちゅう》に生《い》きているのですけれども、何《なに》もしないでもこうして私《わたし》たちは皆《みな》、生《い》きていけますよね。それは、地球《ちきゅう》の特別《とくべつ》な環境《かんきょう》があるからです。

四十六億年《おくねん》というのはあまりにも長《なが》いので一億年《おくねん》のグラフにしてみますと（図《ず》3）、一億年《おくねん》のグラフの中《なか》で私《わたし》たちにもなじみのある恐竜《きょうりゅう》が約《やく》六五〇〇万年前《まんねんまえ》に絶滅《ぜつめつ》しました。恐竜《きょうりゅう》は一億《おく》六〇〇〇万年《まんねん》ぐらい繁栄《はんえい》したということですので、二億《おく》三〇〇〇万年《まんねん》ぐらい前《まえ》に恐竜《きょうりゅう》が誕生《たんじょう》したことになります。なぜ絶《ぜつ》滅《めつ》したかというと、多分隕石《たぶんいんせき》か何《なに》かがメキシ

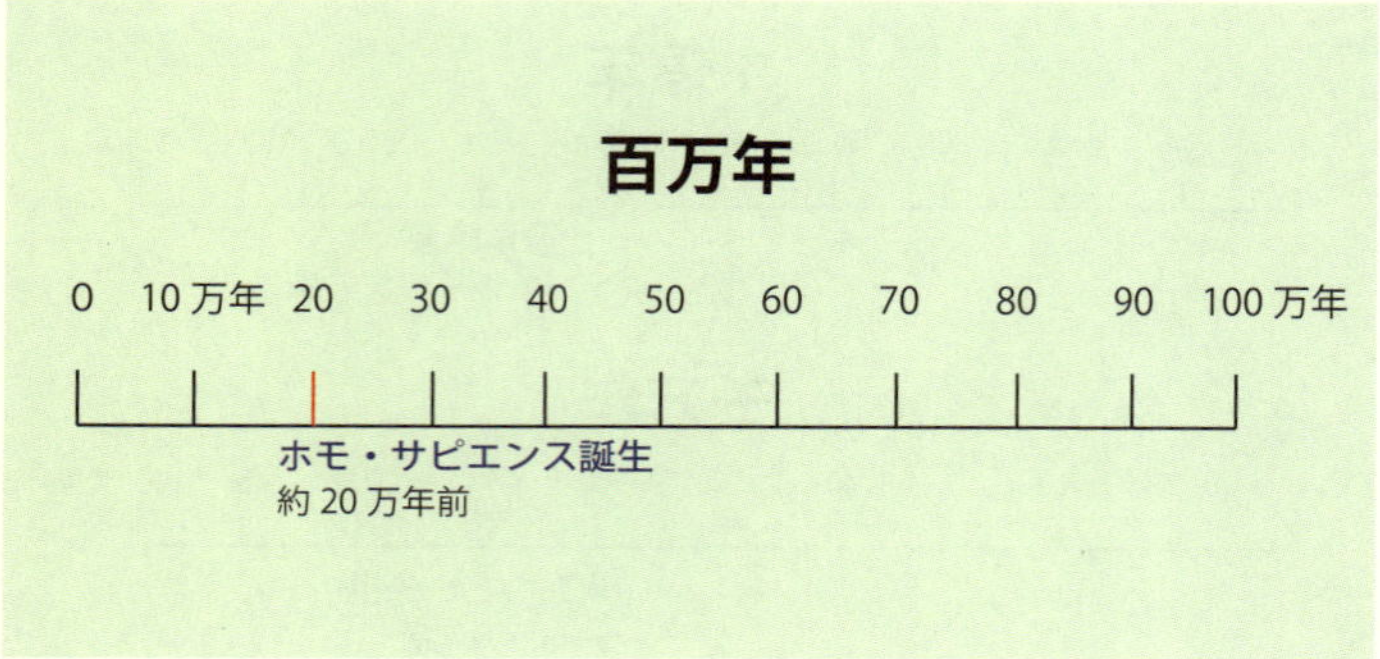

図4

コのユカタン半島《はんとう》に衝突《しょうとつ》して、地球《ちきゅう》で大爆発《だいばくはつ》が起《お》きて、大《おお》きな恐竜《きょうりゅう》はそこで絶滅《ぜつめつ》したと言《い》われています。

そして、一億年《おくねん》でも長《なが》いので、その下《した》には一〇〇〇万年《まんねん》のグラフをつくりました（図《ず》3、前《ぜん》ページ）。この中《なか》で約《やく》六〇〇万年前《まんねんまえ》に人類《じんるい》の古《ふる》い先祖《せんぞ》がチンパンジーから分《わ》かれて、ここで出現《しゅつげん》したということです。ここでもまだ私《わたし》たちは生《う》まれていません。

次《つぎ》の図《ず》は百万年《まんねん》です（図《ず》4）。百万年《まんねん》のグラフですが、ここでやっと、約《やく》二十万年前《まんねんまえ》にホモ・サピエンスが誕生《たんじょう》しました。二十万年《まんねん》といっても長《なが》いですよね。地球《ちきゅう》の歴史《れきし》から見《み》たら

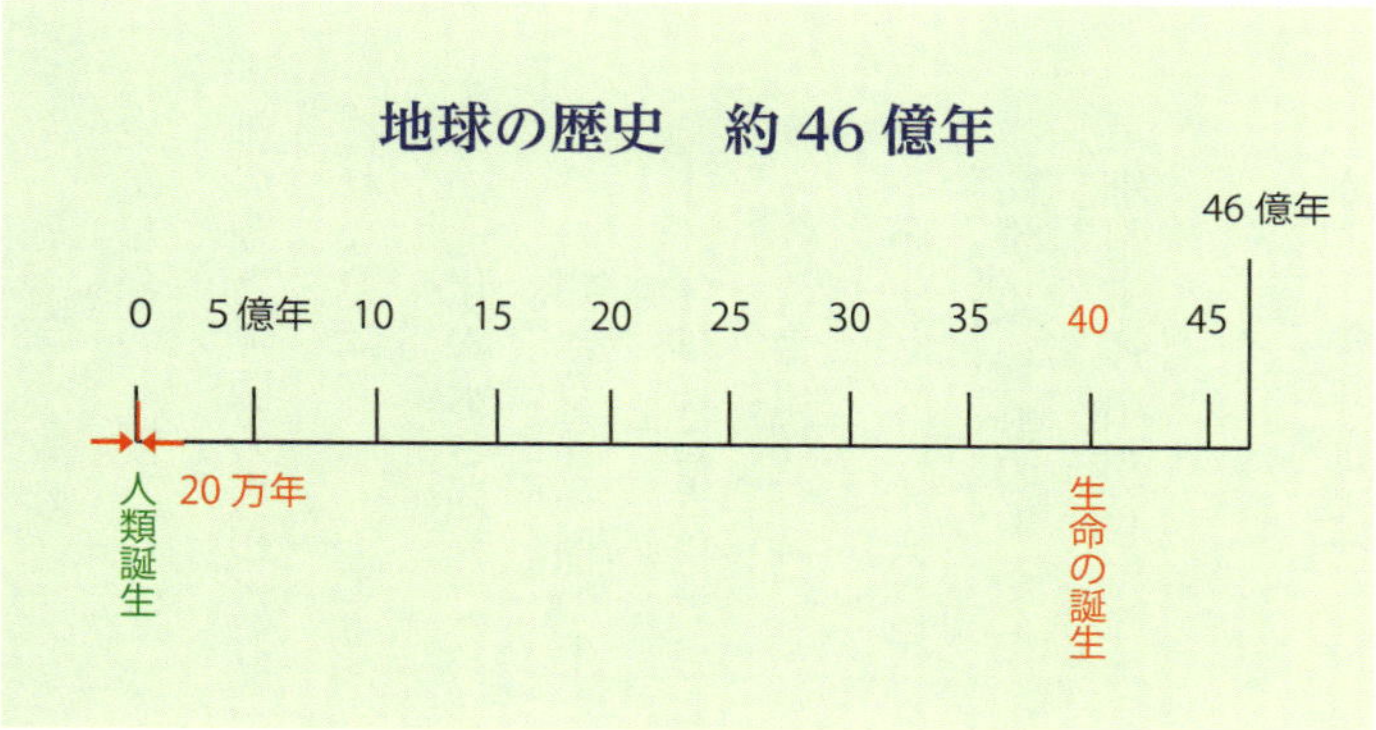

図5

短《みじか》いかもしれませんが、私《わたし》たちの感覚《かんかく》からしたら……。そして、これを最初《さいしょ》の四十六億《おく》年《ねん》の図《ず》に戻《もど》しますと（図《ず》5）、人類誕生《じんるいたんじょう》が二十万年前《まんねんまえ》で、ここに赤《あか》い線《せん》がありますが、二十万年《まんねん》っていうと限《かぎ》りなく〇《ゼロ》に近《ちか》いんですね。点《てん》くらいです。人類《じんるい》はこの地球《ちきゅう》の歴史《れきし》の中《なか》で、本当《ほんとう》につい最近生《さいきんう》まれてきたということがこれでお分《わ》かりになるのではないかと思《おも》います。

生命《せいめい》の誕生《たんじょう》と多様性《たようせい》について、『大自然讃《だいしぜんさん》歌《か》』にはこのように書《か》かれてあります。そこを読《よ》ませていただきます。『大自然讃歌《だいしぜんさんか》』の一五ページです。

生《い》かし合《あ》いと棲《す》み分《わ》けこそ、
神《かみ》の愛《あい》と無限《むげん》の表現《ひょうげん》なり。

これなくば、
生物進化《せいぶつしんか》の永《なが》き過程《かてい》で
かくの如《ごと》き多種多様《たしゅたよう》の生《い》き物《もの》
地上《ちじょう》に栄《さか》ゆること能《あた》わざるなり。
汝《なんじ》ら今《いま》こそ知《し》れ、
地球誕生《ちきゅうたんじょう》して四十六億年《おくねん》、
生命現象《せいめいげんしょう》 皆無《かいむ》の中《なか》から
単細胞生物《たんさいぼうせいぶつ》 出現《しゅつげん》し、

それが四十億年前《おくねんまえ》です。

多細胞生物《たさいぼうせいぶつ》さらに分岐進化《ぶんきしんか》し、
海《うみ》から陸《りく》へと棲処《すみか》を拡《ひろ》げ、
湿地《しっち》から乾燥地帯《かんそうちたい》へ、
熱帯《ねったい》、温帯《おんたい》、寒冷地帯《かんれいちたい》へと
生命繁栄《せいめいはんえい》の拠点《きょてん》を打《う》ち立《た》てて来《き》し道程《どうてい》は、
個々別々《ここべつべつ》の生命《せいめい》の絶《た》えざる闘争過程《とうそうかてい》にあらず。

（同書《どうしょ》、一五～一七ページ）

多種多様《たしゅたよう》の生《い》き物《もの》が地上《ちじょう》に栄《さか》えているのは、神《かみ》の愛《あい》と無限《むげん》の表現《ひょうげん》である、と『大《だい》自然讃歌《しぜんさんか》』の中《なか》には書《か》かれてあります。本日《ほんじつ》のテキストになっております『新版《しんぱん》光明法語《こうみょうほうご》〈道《みち》の巻《まき》〉』（谷口雅春著《たにぐちまさはるちょ》、日本教文社刊《にっぽんきょうぶんしゃかん》）の二〇九ページにも同《おな》じようなご文章《ぶんしょう》がありますので、ここも読《よ》ませていただきます。

此《こ》の微妙《びみょう》な構造《こうぞう》は誰《だれ》の働《はたら》き

智慧《ちえ》ある造《つく》り主《ぬし》――これを吾々《われわれ》は神《かみ》と称《しょう》するのである。天体《てんたい》の運行《うんこう》にしても吾々《われわれ》の地球《ちきゅう》がもう半分《はんぶん》の遅《おそ》さで自転《じてん》するならば、地球《ちきゅう》の半面《はんめん》は熱《あつ》すぎ、他面《ためん》は寒《さむ》すぎて生物《せいぶつ》は生存《せいぞん》し得《え》ない。

(同書《どうしょ》、二〇九ページ)

地球《ちきゅう》は生命《せいめい》が住《す》むことのできる海《うみ》、そして成層圏《せいそうけん》のオゾン層《そう》によって有害《ゆうがい》な紫外《しがい》線《せん》が遮《さえぎ》られている、守《まも》られているのですね。緑色《りょくしょく》 植物《しょくぶつ》などによってオゾン層《そう》が作《つく》られて、私《わたし》たちが宇宙服《うちゅうふく》を着《き》なくても生《い》きられるように地球《ちきゅう》は特別《とくべつ》な環境《かんきょう》になったわけです。少《すこ》しでも自転《じてん》の速度《そくど》が違《ちが》ったら暑《あつ》すぎたり寒《さむ》すぎたりするということですね。

地軸《ちじく》の傾斜《けいしゃ》が無《な》いとすれば現在《げんざい》の温帯地方《おんたいちほう》に氷山《ひょうざん》が浮《う》かんでいて吾等《われら》は生存《せいぞん》し得《え》なくなると云《い》うことである。ほんの微妙《びみょう》な相違《そうい》を寸分間違《すんぶんまちが》いなく構造《こうぞう》した知《ち》性《せい》を吾々《われわれ》は「偶然《ぐうぜん》」と称《しょう》することは出来《でき》ない。人間《にんげん》の神経組織《しんけいそしき》、心臓《しんぞう》のポンプ式構造《しきこうぞう》が毛細血管《もうさいけっかん》につづいて栄養《えいよう》や排泄《はいせつ》を行《おこな》う微妙《びみょう》な構造《こうぞう》は叡智《えいち》ある設計者《せっけいしゃ》なしに構造《こうぞう》せられる筈《はず》がない。

（同書《どうしょ》、二〇九ページ）

これをわれわれは神《かみ》と称《しょう》する。神《かみ》によって私《わたし》たちはこの地球《ちきゅう》で生《い》かされているのだ。このことにつきまして、二〇〇二年《ねん》に出版《しゅっぱん》されました『今《いま》こそ自然《しぜん》から学《まな》ぼう』（谷口雅宣著《たにぐちまさのぶちょ》、生長《せいちょう》の家刊《いえかん》）の本《ほん》の中《なか》のⅱページにもそのことが書《か》かれてありますので、その文章《ぶんしょう》もご紹介《しょうかい》したいと思《おも》います。これは「はじめに」のⅱページ、

エドワード・ウィルソン博士《はくし》の『生命《せいめい》の多様性《たようせい》II』（岩波書店刊《いわなみしょてんかん》）からの引用《いんよう》です
けれども、読《よ》ませていただきます。

生態系《せいたいけい》は土地《とち》を肥《こ》やし、私《わたし》たちがこうして今呼吸《いまこきゅう》している大気《たいき》をも作《つく》り出《だ》しているのだ。（中略《ちゅうりゃく》）生命《せいめい》を維持《いじ》する基盤《きばん》は緑色《りょくしょく》植物《しょくぶつ》とともに、微生物《びせいぶつ》や、ほとんどが小《ちい》さな無名《むめい》な生《い》きもの、言《い》い換《か》えれば雑草《ざっそう》や虫《むし》けらの大集団《だいしゅうだん》から成《な》り立《た》っているのだ。非常《ひじょう》に多様《たよう》であるため地表《ちひょう》くまなく覆《おお》いつくし、分業《ぶんぎょう》して働《はたら》くことができるこのような生《い》きものたちは、世界《せかい》を実《じつ》に効率的《こうりつてき》に維持《いじ》している。彼《かれ》らは人類《じんるい》がかくあって欲《ほ》しいと思《おも》うとおりのやり方《かた》で世界《せかい》を管理《かんり》しているが、それはなぜかというと、人類自体《じんるいじたい》この生《い》きた群集《ぐんしゅう》の中《なか》に混《ま》じって進化《しんか》してきた動物《どうぶつ》であり、かつ人間《にんげん》の体《からだ》の機能《きのう》は人類以前《じんるいいぜん》にすでにできあがっていた特定《とくてい》の環境《かんきょう》に合《あ》うよう、念入《ねんい》りに調整《ちょうせい》されているからである。

（同書《どうしょ》、iiページ）

私《わたし》たちは二十万年前《まんねんまえ》、ほんのごく最近生《さいきんう》まれたのですが、それまでの地球生命《ちきゅうせいめい》の四十億年《おくねん》の歴史《れきし》の中《なか》で着々《ちゃくちゃく》と私《わたし》たちが生《い》きられるようにこの生態系《せいたいけい》はずーっと準備《じゅんび》をしてくれてきて、二十万年前《まんねんまえ》にホモ・サピエンスが生《う》まれたということを知《し》りますと、何《なに》か感動《かんどう》しませんか?（拍手《はくしゅ》） 私《わたし》たちが生《う》まれたのは偶然《ぐうぜん》ではない、そういう生態系《せいたいけい》によって生《い》かされてきているのだということを感《かん》じるわけですけれども、このことにつきまして総裁《そうさい》はこのように書《か》いておられます。このウィルソン博士《はくし》の言葉《ことば》について、

> 宗教的《しゅうきょうてき》な言葉《ことば》は一切使《いっさいつか》われていないが、これは「すべては神《かみ》において一体《いったい》である」（中略《ちゅうりゃく》）「自然界《しぜんかい》においてはすでに生物間《せいぶつかん》の大調和《だいちょうわ》が実現《じつげん》している」
>
> （同書《どうしょ》、iiページ）

更《さら》に、ウィルソン博士《はくし》の言葉《ことば》を引用《いんよう》されています。

「人類《じんるい》は地球《ちきゅう》というこの特定《とくてい》の惑星上《わくせいじょう》で他《た》の生《い》きものといっしょに進化《しんか》してきた。私《わたし》たちの遺伝子《いでんし》の中《なか》には、これより他《ほか》の世界《せかい》はない」

（同書《どうしょ》、iiiページ）

この言葉《ことば》をじっくりと味《あじ》わっていただきたいと思《おも》います。

自然界《しぜんかい》に〝与《あた》え返《かえ》す〟のが智慧《ちえ》ある愛《あい》

二〇一七年《ねん》の六月《がつ》十七日《にち》、長崎《ながさき》の生長《せいちょう》の家総本山《いえそうほんざん》で谷口雅春大聖師《たにぐちまさはるだいせいし》の三十二年祭《ねんさい》が行《おこな》われました。その時《とき》に総裁《そうさい》は『「人間《にんげん》・神《かみ》の子《こ》」の深《ふか》い意味《いみ》』という題《だい》でお話《はなし》をされました。それは二〇一七年《ねん》の機関誌《きかんし》『生長《せいちょう》の家《いえ》』八月号《がつごう》に掲載《けいさい》されております。生態系《せいたいけい》とともに進化《しんか》してきた私《わたし》たちは、どのように生《い》きればよいかについて書《か》かれてあります。そこを抜粋《ばっすい》しながら読《よ》ませていただきます。

「人間《にんげん》は神《かみ》の子《こ》である」という教《おし》えを信《しん》じるには、第一《だいいち》に神《かみ》への正《ただ》しい理解《りかい》がなければいけません。「神《かみ》」と「人間《にんげん》」と「自然《しぜん》」とをバラバラな別個《べっこ》のものとして考《かんが》えていては、正《ただ》しい信仰《しんこう》とは言《い》えない。「神《かみ》」というものは人間《にんげん》だけを創《つく》ったのではなくて、すべての生《い》き物《もの》をこの地球上《ちきゅうじょう》に創造《そうぞう》されて、それらが豊《ゆた》かに繁栄《はんえい》する世界《せかい》を創造《そうぞう》された。しかも、神《かみ》さまはそれらの被造物《ひぞうぶつ》と分離《ぶんり》して、別個《べっこ》に存在《そんざい》するのではありません。これは「大調和《だいちょうわ》の神示《しんじ》」にちゃんと書《か》いてありますね──「われは全《すべ》ての総《すべ》てであるから、すべてと和解《わかい》したものの中《なか》にのみわれはいる」と。先《さき》ほど読《よ》んだ『甘露《かんろ》の法雨《ほうう》』にも「神《かみ》があらわるれば（中略《ちゅうりゃく》）調和《ちょうわ》おのずから備《そな》わり、一切《いっさい》の生物《せいぶつ》処《ところ》を得《え》て争《あらそ》うものなく、相食《あいは》むもののなく……」

（同誌《どうし》、一六ページ）

と示《しめ》されています。「人間《にんげん》・神《かみ》の子《こ》」の教《おし》えのより深《ふか》い理解《りかい》と実践《じっせん》、それが現在《げんざい》の運動《うんどう》の方向《ほうこう》です——と、この時《とき》お話《はな》しくださいました。具体的《ぐたいてき》にそれはどうすることなのでしょう？　二〇一七年《ねん》の三月十一日《にち》、〝森《もり》の中《なか》のオフィス〟で「神《かみ》・自《し》然《ぜん》・人間《にんげん》の大調和祈念祭《だいちょうわきねんさい》」が行《おこな》われました。その中《なか》で「自然界《しぜんかい》に与《あた》え返《かえ》す生《い》き方《かた》をしよう」という題《だい》で総裁《そうさい》は話《はな》されました。

「自然界《しぜんかい》に〝与《あた》え返《かえ》す〟生《い》き方《かた》へ」というこのお話《はなし》の中《なか》で——私《わたし》はちょうど二〇一七年《ねん》の今頃《いまごろ》、『この星《ほし》で生《い》きる』（生長《せいちょう》の家刊《いえかん》）（図《ず》6、次《じ》ページ）という本《ほん》を出版《しゅっぱん》させていただきました。この中《なか》に『「ただ与《あた》える」こと』という文章《ぶんしょう》があります。それは『この星《ほし》で生《い》きる』の五七ページにありまして、『おおきな木《き》』（シェル・シルヴァスタイン作《さく》、あすなろ書房刊《しょぼうかん》）という童話《どうわ》をその中《なか》で引用《いんよう》しております。

皆《みな》さま、読《よ》まれている方《かた》もおられると思《おも》いますけれども、童話《どうわ》の内容《ないよう》を要約《ようやく》して紹介《しょうかい》させていただきます。

大《おお》きなリンゴの木《き》があって、少年《しょうねん》がそのリンゴの木《き》のところにきて木《き》に登《のぼ》ったり、リンゴを取《と》って食《た》べたりして楽《たの》しんでいました。リンゴの木《き》は少年《しょうねん》を愛《あい》していました。少年《しょうねん》が遊《あそ》びに来《く》るとリンゴの木《き》は幸《しあわ》せでした。けれども、少年《しょうねん》は成長《せいちょう》して遊《あそ》びに来《こ》なくなり、リンゴの木《き》は寂《さび》しく思《おも》いました。やがて、久《ひさ》しぶりにリンゴの木《き》に少年《しょうねん》がやってきました。もう大《おお》きくなったので木《き》に登《のぼ》って遊《あそ》ばないけれども、少《しょう》年《ねん》はお金《かね》が欲《ほ》しいと言《い》います。すると、リンゴの木《き》は「じゃあ、リンゴの実《み》を取《と》ればいい」と言《い》います。少年《しょうねん》はリンゴの実《み》を取《と》って、それをお金《かね》に換《か》えました。リンゴの木《き》は少年《しょうねん》の役《やく》に立《た》って幸《しあわ》せを感《かん》じます。やがてもっと大《おお》きくなって、今度《こんど》は家《いえ》を作《つく》りたいとリンゴの木《き》のところにきて言《い》います。リンゴ

図6

の木《き》は、「自分《じぶん》の枝《えだ》を切《き》って家《いえ》を建《た》てればいい」。それで、少年《しょうねん》はリンゴの木《き》の枝《えだ》を切《き》って家《いえ》を建《た》てます。リンゴの木《き》は、少年《しょうねん》の役《やく》に立《た》ち、幸《しあわ》せを感《かん》じます。さらに年《ねん》月《げつ》が経《た》って少年《しょうねん》がまたやって来《き》て、今度《こんど》はボートを作《つく》りたいと言《い》います。リンゴの木《き》は、「自分《じぶん》を切《き》り倒《たお》して、ボートを作《つく》ればいい」。それで、少年《しょうねん》は木《き》を切《き》り倒《たお》してボートを作《つく》ります。また木《き》は幸《しあわ》せだったというのですね。やがて、少年《しょうねん》はさらに年《とし》老《お》いて、久《ひさ》しぶりに木《き》のところに来《き》ました。もう自分《じぶん》は何《なに》も欲《ほ》しいものはないけれども、疲《つか》れているので、休《やす》みたいといいます。じゃあ、自分《じぶん》の切《き》り株《かぶ》に座《すわ》ればいいとリンゴの木《き》は言《い》い、木《き》は少年《しょうねん》が自分《じぶん》の切《き》り株《かぶ》に座《すわ》って休《やす》んでくれたので幸《しあわ》せを感《かん》じたという話《はなし》です。

私《わたし》は、これはただ与《あた》える愛《あい》、何《なに》も求《もと》めず与《あた》える愛《あい》だと思《おも》いました。この童話《どうわ》を読《よ》んだ多《おお》くの人《ひと》は、そのように感《かん》じるそうです。ところが総裁《そうさい》は「僕《ぼく》は違《ちが》う」というふうに、この本《ほん》について言《い》われました。「これは、真実《しんじつ》が省略《しょうりゃく》されているのではないか。そんな、奪《うば》うだけで人間《にんげん》が満足《まんぞく》するわけがない。これは木《き》も不幸《ふこう》であるし、人間《にんげん》も不幸《ふこう》である」。

その言葉《ことば》を聞《き》いたときに、私《わたし》は「女性《じょせい》の母性的《ぼせいてき》な愛《あい》というのはもしかしたらこのようなものかもしれない。けれども、そこには峻厳《しゅんげん》なる智慧《ちえ》ある愛《あい》が欠《か》けているのではないか」と総裁《そうさい》の感想《かんそう》を聞《き》いて思《おも》いました。少年《しょうねん》は木《き》から沢山《たくさん》のものを与《あた》えられました。自然《しぜん》な気持《きも》ちとして、お礼《れい》に木《き》に何《なに》かしたいと思《おも》うのが普通《ふつう》です。少年《しょうねん》が切《き》り株《かぶ》になった木《き》に、水《みず》やりをしたり、肥料《ひりょう》をやったりしていたら、やがて新芽《しんめ》が出《で》てくるかもしれません。

「自然界《しぜんかい》に〝与《あた》え返《かえ》す〟生《い》き方《かた》へ」の中《なか》でこのように書《か》かれてあります。

私《わたし》たち人類《じんるい》はこれから〝大人《おとな》の生《い》き方《かた》〟をするということですね。これまでは、自然《しぜん》におねだりするばかりの子《こ》どもっぽい生《い》き方《かた》、「いただきます」ばかりの生《い》き方《かた》だったのを、これからは自然《しぜん》に感謝《かんしゃ》して恩返《おんがえ》しをし、さらには自然《しぜん》に与《あた》え返《かえ》すこともして、生命《せいめい》の星《ほし》・地球《ちきゅう》の本来《ほんらい》の豊《ゆた》かな自然《しぜん》を回復《かいふく》していこうではありませんか。

（『生長《せいちょう》の家《いえ》』誌《し》二〇一七年《ねん》五月号《がつごう》、二〇ページ）

と、このように書《か》かれてありまして、地球《ちきゅう》に恩返《おんがえ》しをする生《い》き方《かた》――それは自然《しぜん》と共《とも》に生《い》きる、自然《しぜん》と一体《いったい》の生《い》き方《かた》です。

人《ひと》と自然《しぜん》を生《い》かすための私《わたし》の実践《じっせん》

これは、私《わたし》の家《いえ》の近《ちか》くで二〇一八年《ねん》の冬《ふゆ》、雪《ゆき》が降《ふ》ったときのものです（図《ず》7、次《じ》ページ）――二〇一七年《ねん》の暮《く》れから二〇一八年《ねん》の一月二十日《がつはつか》くらいまでは、ほとんど雪《ゆき》が降《ふ》りませんでした。私《わたし》は週《しゅう》に半分《はんぶん》くらい、時間《じかん》の余裕《よゆう》のあるときには森《もり》を三十分《ぷん》から一時間《じかん》ほど歩《ある》くことにしています。でも、二十日過《はつかす》ぎ、一晩《ひとばん》に三十センチから四十センチの大雪《おおゆき》が降《ふ》りました。雪《ゆき》が降《ふ》ったら歩《ある》かない、今《いま》まではそういう生活《せいかつ》でしたので私《わたし》は歩《ある》きませんでした。夫《おっと》はそれまでは自転車《じてんしゃ》でオフィスに通《かよ》っておりましたけれども、雪《ゆき》が降《ふ》りましたので、防寒具《ぼうかんぐ》を着《き》て、ストックを持《も》ち、リュックをしょって、雪道《ゆきみち》をオフィスまで歩《ある》いて毎日《まいにち》出《で》かけるようになりました。毎日《まいにち》、玄関《げんかん》で「気《き》をつけて行《い》ってらっしゃい」と私《わたし》は夫《おっと》を見送《みおく》っておりましたが、数日《すうじつ》たったとき、「どうして歩《ある》かないの？」と聞《き》かれました。（笑《わら》い）

図７

雪《ゆき》の中《なか》を歩《ある》くのは寒《さむ》いです。その頃《ころ》は、日《ひ》によってはマイナス六〜七度《ど》でした。それに、雪《ゆき》の中《なか》は滑《すべ》るし怖《こわ》いので、「雪《ゆき》の中《なか》は歩《ある》かないわ。普通《ふつう》の人《ひと》は歩《ある》かないでしょう」（笑《わら》い）と答《こた》えました。ところが夫《おっと》は、「雪《ゆき》の中《なか》を歩《ある》くのは気持《きも》ちいいよ。美《うつく》しいよ」と言《い》ったんですね。「歩《ある》きなさい」とは言《い》いませんでした（笑《わら》い）。「美《うつく》

図8

しいよ、気持《きも》ちいいよ」とその時《とき》に言《い》いました。

夫《おっと》が出《で》かけた後《あと》、私《わたし》はそれまで雪《ゆき》が降《ふ》ったら歩《ある》かないものだと決《き》めていたのですけれども（笑《わら》い）、「じゃあ、歩《ある》いてみようか」と心《こころ》が動《うご》きました——雪《ゆき》の中《なか》も歩《ある》けるようにと、私《わたし》もストックはその前《まえ》の年《とし》から買《か》ってあったのですね。それで、防寒着《ぼうかんぎ》を着《き》て、マフラーをぐるぐる巻《ま》きにして（笑《わら》い）、毛糸《けいと》の帽子《ぼうし》をかぶり、マスクもしました。温《おん》度《ど》があまり低《ひく》いので鼻水《はなみず》が出《で》てくるんですね。厚《あつ》い手袋《てぶくろ》もはめて——私《わたし》たちのところは夜《よる》はマイナス十度《ど》近《ちか》くになる日《ひ》もあります。昼間《ひるま》は良《よ》いお天気《てんき》だと暖《あたた》かくなるものですから、雪《ゆき》が少《すこ》し解《と》けるんですね。それがまた夜《よる》には凍《こお》るので、私《わたし》がだいたい朝《あさ》の十時前後《じぜんご》に歩《ある》くとまだ地面《じめん》は凍《こお》っています。ですから、とても怖《こわ》いです。ストックを持《も》って、滑《すべ》らないように細心《さいしん》の注意《ちゅうい》を払《はら》って地面《じめん》を見《み》ながら（笑《わら》い）歩《ある》きました。下《した》だけ見《み》て歩《ある》いたことはなかったのですが、これは神経《しんけい》を使《つか》い結構疲《けっこうつか》れます。けれども夫《おっと》はそれがいいと言《い》いました。そのように神経《しんけい》を集中《しゅうちゅう》することが、日常生活《にちじょうせいかつ》にはあまりないからだとのことでした。そんな風《ふう》にして歩《ある》きながら、時々《ときどき》は止《と》まって周《まわ》りの景色《けしき》も見《み》ると、やはり真《ま》っ白《しろ》な銀世界《ぎんせかい》ですから美《うつく》しい、本当《ほんとう》に美《うつく》しいですね。

これはイチイかモミの木《き》ですが（図《ず》8、前《ぜん》ページ）、雪《ゆき》が積《つ》もるとこういう模様《もよう》になって普段《ふだん》見《み》ることのないものを見《み》せてくれます。これは隣《となり》の家《いえ》ですが雪《ゆき》が積《つ》もるとこんなになります（図《ず》9）。私《わたし》の家《いえ》の軒下《のきした》のつららです（図《ず》10、次《じ》ページ）。屋根《やね》の雪《ゆき》が昼間《ひるま》解《と》けるとそれがつららになって、どんどん長《なが》くなっていきます。こ

図9

図10

ういうのも美《うつく》しいですね。

こうして私《わたし》は、毎日《まいにち》でもないですが、雪《ゆき》の中《なか》を歩《ある》くようになりました。雪《ゆき》が降《ふ》ると実際《じっさい》の生活《せいかつ》は不便《ふべん》になります。移動《いどう》も雪《ゆき》のない時《とき》に比《くら》べれば、楽《らく》ではありません。ですから、大雪《おおゆき》が降《ふ》ると「夏《なつ》の日《ひ》が一日《にち》でもあれば雪《ゆき》が解《と》けるのに」（笑《わら》い）と思《おも》うことがありました。でも、このようにして雪《ゆき》の中《なか》を細心《さいしん》の注意《ちゅうい》を払《はら》って滑《すべ》らないように、「ここは大丈夫《だいじょうぶ》かな」と思《おも》いながら足《あし》を進《すす》め、そして周《まわ》りの景色《けしき》を見《み》ているうちに、「あぁ、これが自然《しぜん》なんだ」ということに気《き》がついたんですね。

「春《はる》が来《く》れば、雪《ゆき》は解《と》けるんだ」と……当《あ》たり前《まえ》のことですけれども。それを、人《にん》間《げん》の力《ちから》で何《なん》とかしたいと思《おも》うわけです。もちろん除雪《じょせつ》をすることはとてもありがたいですが、人間《にんげん》が除雪《じょせつ》をしたら何《なに》かすごく便利《べんり》になったように思《おも》います。実際便利《じっさいべんり》になるのですが、雪《ゆき》が降《ふ》るのは大地全体《だいちぜんたい》ですから、人間《にんげん》ができることはほんの少《すこ》しです。後《あと》の大自然《だいしぜん》はそのままで、春《はる》になれば雪《ゆき》は解《と》ける——これを人類《じんるい》はずっとしてきたんだなぁということが初《はじ》めて実感《じっかん》として、雪《ゆき》の中《なか》を毎日歩《まいにちある》くことによって、私《わたし》はわかりました。「どうして歩《ある》かないの、歩《ある》くとこんなことがあるんだよ」ということをさりげなく教《おし》えてくれたように思《おも》いました。

これは、冬《ふゆ》は寒《さむ》くて空気《くうき》が澄《す》んでいますので、空《そら》がとても青《あお》く「八《やつ》ヶ《が》岳《たけ》ブルー」といわれている青空《あおぞら》です（図《ず》11）。こういう雄大《ゆうだい》な雲《くも》も歩《ある》くと見《み》えます（図《ず》12、次《じ》ページ）。シラカバも葉《は》をすっかり落《お》として、このブルーにとても映《は》えます（図《ず》13、次《じ》ページ）。こういう美《うつく》しい景色《けしき》を

図 11

図12

図13

見《み》ていると、本《ほん》当《とう》に心《こころ》が洗《あら》われて、自然《しぜん》の中《なか》で人間《にんげん》が生《い》かされているありがたさを感《かん》じることも多々《たた》あります。

　これは、もう春近《はるちか》くなって、森《もり》の奥《おく》を見《み》たらシラカバにキノコが付《つ》いているのが見《み》えたものですから、森《もり》の中《なか》に入《はい》っていって写真《しゃしん》を撮《と》りました（図《ず》14、次《じ》ページ）。これは雑木林《ぞうきばやし》に春《はる》の訪《おとず》れを告《つ》げるキブシの淡黄色《たんおうしょく》の花《はな》です。雨《あめ》の日《ひ》に歩《ある》いた時《とき》に美《うつく》しかったので撮《と》った写真《しゃしん》です（図《ず》15、二四六ページ）。これはフキノトウですね（図《ず》16、二四六ページ）。もっと小《ちい》さい時《とき》には天《てん》ぷらにしたりフキ味噌《みそ》にしますけれど、これも可愛《かわい》いですね。ロケットみたいな星《ほし》みたいな。これはスミレです（図《ず》17、次《じ》ページ）。今《いま》の時《じ》期《き》です。スミレもいろんな種類《しゅるい》があり、白《しろ》や赤《あか》いもの、濃《こ》い紫《むらさき》などもあります。

図14

このようにして、私《わたし》は自然《しぜん》の中《なか》を歩《ある》いて、自然《しぜん》に親《した》しんでいます。今回《こんかい》、テキストとなりました『凡庸《ぼんよう》の唄《うた》』（谷口《たにぐち》雅宣《まさのぶ》著《ちょ》、日本教文社刊《にっぽんきょうぶんしゃかん》）の「あとがき」の五二ページには、自分《じぶん》もいわゆる上昇《じょうしょう》志向《しこう》の生《い》き方《かた》をしてきたというご文章《ぶんしょう》がありますが、後《うしろ》から二行目《ぎょうめ》から読《よ》ませていただきます。五二ページ。

些細《ささい》な例《れい》だが、東京《とうきょう》・原宿《はらじゅく》から八ヶ岳《やつがたけ》に越《こ》した後《あと》に始《はじ》めた自転車通勤《じてんしゃつうきん》では、毎《まい》

図 15

図 16

図 17

回《かい》タイムを記録《きろく》して、短縮《たんしゅく》できたと言《い》っては喜《よろこ》んでいる。しかし、短縮《たんしゅく》できずに〝凡庸《ぼんよう》な〟記録《きろく》で終《おわ》ったときも、落胆《らくたん》の気持《きもち》など起《お》こらない。なぜなら、目《もく》的地《てきち》に達《たっ》するまでの道《みち》すがら、私《わたし》の心《こころ》と体《からだ》は〝横方向《よこほうこう》〟に拡大《かくだい》していく自分《じぶん》を感《かん》じているからだ。澄《す》んだ空気《くうき》をいっぱい吸《す》い込《こ》み、風《かぜ》を全身《ぜんしん》に受《う》け、緑《みどり》の香《か》を吸《す》い込《こ》み、全身《ぜんしん》の筋肉《きんにく》を動《うご》かし、坂《さか》を登《のぼ》る苦《くる》しさにもだえながらも、悠々《ゆうゆう》と空《そら》を行《ゆ》くノスリに心《こころ》を寄《よ》せ、道端《みちばた》の花《はな》の名前《なまえ》を思《おも》い出《だ》し、キジのすっとん狂《きょう》な鳴《な》き声《ごえ》に思《おも》わず苦笑《くしょう》する……。

そんなことは自己満足《じこまんぞく》に過《す》ぎない、と読者《どくしゃ》は思《おも》うだろうか？

皆《みな》さんはそう思《おも》いますか？

人間《にんげん》の姿《すがた》があまり見《み》られない山岳地帯《さんがくちたい》で、社会《しゃかい》から離《はな》れて体《からだ》を鍛《きた》えても、社会《しゃかい》へ何《なん》の貢献《こうけん》か、と読者《どくしゃ》は疑《うたが》うだろうか？

もしかしたら、私《わたし》たちは何《なに》か目《め》に見《み》えて、人《ひと》がいるところで何《なに》かすることが価値《かち》あることというふうに思《おも》っているかもしれません。しかし、

私《わたし》が言《い》いたいポイントは、実《じつ》はここにある。

自然界《しぜんかい》の動《うご》きに呼応《こおう》して凡庸《ぼんよう》に生《い》きること――他《た》の生物《せいぶつ》すべてがやっていることを、人間《にんげん》がしなくなっている。逆《ぎゃく》に、人間《にんげん》の要求《ようきゅう》に合《あ》わせて自然《しぜん》をネジ曲《ま》げること。

冬《ふゆ》に夏《なつ》の日《ひ》が来《き》て欲《ほ》しいと思《おも》ったりすることですね。（笑《わら》い）

それで幸福《こうふく》を得《え》られると夢想《むそう》すること。この自然《しぜん》に対《たい》する人間《にんげん》の好《す》き勝手《かって》な態度《たいど》が、対人関係《たいじんかんけい》に及《およ》ばないはずがないのである。人間社会《にんげんしゃかい》は自然界《しぜんかい》と別物《べつもの》ではない。人間社会《にんげんしゃかい》の先《さき》に、

その向《む》こうに、そのもっと広《ひろ》がりの中《なか》にですね。

人間社会《にんげんしゃかい》を含《ふく》んだ本当《ほんとう》の価値《かち》がある。自然《しぜん》を慈《いつく》しむことと、人間社会《にんげんしゃかい》を愛《あい》する

こと——二《ふた》つは実《じつ》は同《おな》じことなのだ。

（同書《どうしょ》、五二～五五ページ）

人《ひと》がいない山岳地帯《さんがくちたい》で自転車《じてんしゃ》に乗《の》ること、それが価値《かち》あることであるということですね。こういう考《かんが》え方《かた》はあまりないかもしれません。自然《しぜん》と一体《いったい》の自己《じこ》を感《かん》じ、自然《しぜん》を慈《いつく》しむことは、人間社会《にんげんしゃかい》を愛《あい》することと同《おな》じ価値《かち》があるという風《ふう》に私《わたし》は理解《りかい》しました。人間中心《にんげんちゅうしん》にものを考《かんが》えてしまいがちですが、自然《しぜん》を愛《あい》することはそれほど価値《かち》があるということですね。

ですから、皆《みな》さま方《がた》は自然《しぜん》に与《あた》え返《かえ》す——今《いま》までにも色々《いろいろ》なことをされてきたと思《おも》いますが、都会《とかい》の方《かた》も、田舎《いなか》の方《かた》も、あるいは森《もり》の近《ちか》くに住《す》んでいる方《かた》も、海辺《うみべ》の方《かた》も、道《みち》を歩《ある》くとき、散歩《さんぽ》をされるとき、自然《しぜん》を見《み》て、「ありがとう。私《わたし》たちはあなたたちのお陰《かげ》で生《い》かされているんですね。ありがとう」——こんな気持《きも》ちで自然《しぜん》に感謝《かんしゃ》し、一体《いったい》を感《かん》じれば、道《みち》を歩《ある》くだけでも、散歩《さんぽ》をするだけでも、路傍《ろぼう》の花《はな》

〝新しい文明〟の基礎を築くために

- ○ 三正行の実践
- ○ 二酸化炭素の排出を減らす生活
  （省エネ、太陽光、電気自動車、自転車等）
- ○ 地産地消・旬産旬消
- ○ 肉食を減らす
- ○ 農薬・化学肥料を使わない家庭菜園・農業
- ○ 手作りを楽しむ（食事、保存食も含めて）
- ○ 自分の家庭だけでなく、広く地域や世界の
  人のためになる愛の行い

これらすべては、人や自然に与える生活であり、
大いなるムスビの働きです。

図 18

を見《み》て、空《そら》を見《み》て、雲《くも》を見《み》るだけでも、それは大《おお》いなる愛行《あいぎょう》＊2、自然《しぜん》を生《い》かす生《い》き方《かた》になるのではないかと思《おも》います。

〝新《あたら》しい文明《ぶんめい》〟の基礎《きそ》を築《きず》くために（図《ず》18）――あらためてここに書《か》くことはないと思《おも》いますけれども、「三正行《さんしょうぎょう》＊3の実践《じっせん》」。それは神《かみ》を――「人間《にんげん》・神《かみ》の子《こ》」の深《ふか》い意味《いみ》を理解《りかい》するためには欠《か》かすことができません。白鳩会《しろはとかい》の幹部《かんぶ》の皆《みな》さまにはぜひ三正行《さんしょうぎょう》の実践《じっせん》をしていただきたいと思《おも》います。「二酸化炭素《にさんかたんそ》の排出《はいしゅつ》を減《へ》らす生活《せいかつ》」――省《しょう》エネ、太陽光《たいようこう》、電気《でんき》自動車《じどうしゃ》、自転車等《じてんしゃなど》ですね。「地産地消《ちさんちしょう》・

＊2　万物に対する愛の行い。

＊3　生長の家の大切な行とされている神想観、聖経や讃歌の読誦・聖典等の拝読、愛行。

旬産旬消《しゅんさんしゅんしょう》」、「肉食《にくしょく》を減《へ》らす」、「農薬《のうやく》・化学肥料《かがくひりょう》を使《つか》わない家庭菜園《かていさいえん》・農業《のうぎょう》」、「手作《てづく》りを楽《たの》しむ」——クラフトだけではなくて、食事《しょくじ》や保存食《ほぞんしょく》も手作《てづく》りしましょう。そして、「自分《じぶん》の家庭《かてい》だけでなく、広《ひろ》く地域《ちいき》や世界《せかい》の人《ひと》のためになる愛《あい》の行《おこな》い」。それが、人間《にんげん》の本質《ほんしつ》である神《かみ》の子《こ》の喜《よろこ》ぶ生《い》き方《かた》ですね。すべては人《ひと》や自然《しぜん》に与《あた》える生《せい》活《かつ》であり、大《おお》いなるムスビの働《はたら》きでもあります。

図 19

ここで、私《わたし》が実際《じっさい》にどんな生活《せいかつ》をしているか——ごく一部《いちぶ》ですが、紹介《しょうかい》させていただきます。これはクルミです（図《ず》19）。オニグルミといいまして、名前《なまえ》の通《とお》りごつごつして硬《かた》いです。和《わ》グルミともいわれます。硬《かた》くて実《み》も少《すく》ないので以前《いぜん》はあまり顧《かえり》みられることがなかったようですが、成分《せいぶん》が洋《よう》グルミより優《すぐ》れているといわれ、見直《みなお》されています。私《わたし》たちのところでは普通《ふつう》に

図 20

沢山《たくさん》あり、夫《おっと》が自転車通勤《じてんしゃつうきん》の道《みち》すがら拾《ひろ》ってきてくれたものを二人《ふたり》で——和《わ》グルミを割《わ》る特別《とくべつ》のハサミがありまして、それだと簡単《かんたん》に割《わ》れるんですね。それでクルミの実《み》を取《と》りました。

これは何《なん》になったかといいますと、オーガニック菜園部《さいえんぶ》*4のミニイベントというのがありまして、チョコレートを使《つか》わないバレンタインのお菓子《かし》を作《つく》ろうという企画《きかく》でした。チョコレートは、皆《みな》さまもご存《ぞん》じのように人々《ひとびと》から奪《うば》う大《おお》きな要素《ようそ》になっております。植民地時代《しょくみんちじだい》からプランテーションで作《つく》られてきて、特《とく》に日本《にっぽん》はこういうカカオとか出来《でき》ないところですから——できる地域《ちいき》では特《とく》に大《おお》きな輸送《ゆそう》の負担《ふたん》はないですが。それで、チョコレートを使《つか》わない挑戦《ちょうせん》です。地元《じもと》のクルミときな粉《こ》と、自分《じぶん》で作《つく》った干《ほ》し柿《がき》で作《つく》ったブラウニー風《ふう》のお菓子《かし》ですね（図《ず》20）。これを

＊4　255ページの註を参照。

作《つく》りました。（拍手《はくしゅ》）

これは同《おな》じくバレンタインデーのチョコレートを使《つか》わないケーキで（図《ず》21）、夫《おっと》のために（笑《わら》い、拍手《はくしゅ》）子《こ》どもたちが小《ちい》さい時《とき》に使《つか》った古《ふる》いハートの型《かた》がありましたので、地元《じもと》の酒粕《さけかす》と自分《じぶん》で煮《に》た黒豆《くろまめ》を入《い》れてケーキを作《つく》りました。人《ひと》からなるべく奪《うば》わないイベントですね。それを、オーガニック菜園部《さいえんぶ》ではしております。

図 21

これは二〇一七年《ねん》のフェスタ*5の時《とき》に（図《ず》22、次《じ》ページ）――私《わたし》は若《わか》い時《とき》から刺繍《ししゅう》というのが憧《あこが》れで、案外《あんがい》いろんな刺繍《ししゅう》のセットを持《も》っていて、テーブルセンターなどを作《つく》ったこともありましたが、その後《ご》、結婚《けっこん》して子育《こそだ》ての時《とき》には一切《いっさい》そういう時間《じかん》はありませんでした。けれども、フェスタで何《なに》か作《つく》ろうと思《おも》ったとき、できたら

＊2　生長の家国際本部“森の中のオフィス”で毎年10月に開催されている「生長の家 自然の恵みフェスタ」のこと。

図22

図23

刺繍《ししゅう》がしたいと思《おも》い、二〇一七年《ねん》くらいから始《はじ》めました。自分《じぶん》で描《か》いた絵手紙《えてがみ》を元《もと》にしたもので、いろいろ作《つく》りました（図《ず》23）。よく見《み》てみると目《め》が粗《あら》くて上手《じょうず》とは言《い》えませんが、布巾《ふきん》にして出《だ》しました。これは、十二月《がつ》に「森《もり》の中《なか》の交友会《こうゆうかい》」という職員《しょくいん》のプレゼント交換《こうかん》のイベントがあるのですが、〝森《もり》の中《なか》のオフィス〟のロゴをまねて刺繍《ししゅう》をした、小《ちい》さい壁飾《かべかざ》りです（図《ず》24、次《じ》ページ）。こういうものも作《つく》りました。

また同《おな》じ〝新《あたら》しい文明《ぶんめい》〟の基礎《きそ》を作《つく》るための実践《じっせん》が出《で》てまいりましたが（図《ず》18、

二五〇ページ）、私《わたし》もPBSの三《みっ》つの部《ぶ》*6の活動《かつどう》に参加《さんか》しておりますけれども、このようにして日々《ひび》楽《たの》しんで生活《せいかつ》をしております。ぜひ皆《みな》さま方《がた》も毎日《まいにち》の生活《せいかつ》の中《なか》で特《とく》別《べつ》なことではなく、意識《いしき》して人《ひと》と自然《しぜん》を生《い》かす生《い》き方《かた》をしていただけたらと思《おも》います。きっと皆《みな》さまの日常《にちじょう》が今《いま》よりもさらに喜《よろこ》びに満《み》ちた、生《い》きがいのある、ワクワクする楽《たの》しい日々《ひび》になるのではないかと思《おも》います。皆《みな》さま方《がた》がそのような生活《せいかつ》をされ、大《おお》いにご活躍《かつやく》されますことを心《こころ》からお祈《いの》りいたしまして、私《わたし》の話《はなし》を終《お》わらせていただきます。ありがとうございます。（拍手《はくしゅ》）

図 24

——第十回生長の家白鳩会全国幹部研鑽会での講話

（二〇一八年四月二十八日）

＊6　生長の家のプロジェクト型組織（PBS）として、ノーミート、低炭素の食生活を実践する「SNI オーガニック菜園部」、省資源、低炭素の生活法を実践する「SNI 自転車部」、自然重視、低炭素の表現活動を実践する「SNI クラフト倶楽部」がある。

初出一覧

第1章　分かち合いの社会

エプロンを作り直す（『白鳩』二〇一六年六月号）
生活の芯（『白鳩』二〇一七年六月号）
恵みに満ちた日常（『白鳩』二〇一六年九月号）
分かち合いの社会（『白鳩』二〇一七年十月号）
地球を救う買い物（『白鳩』二〇一七年八月号）
自分を褒める（『白鳩』二〇一八年四月号）

第2章　何処を向くのか？

共に育てる（『白鳩』二〇一五年四月号）
子どもの夢（『白鳩』二〇一七年九月号）
影響しあうふたり（『白鳩』二〇一八年五月号）
何処を向くのか？（『白鳩』二〇一六年十月号）
母と娘（『白鳩』二〇一六年八月号）
家族のちから（『白鳩』二〇一五年三月号）
親の心（『白鳩』二〇一八年七月号）

第3章　毎日がラッキー

健康な暮らし（『白鳩』二〇一八年九月号）
無心でみる（『白鳩』二〇一七年四月号）
時間割を作る（『白鳩』二〇一五年六月号）
毎日がラッキー（『白鳩』二〇一五年九月号）
与えられた場で（『白鳩』二〇一八年一月号）
今を生きる（『白鳩』二〇一六年三月号）

第4章　神からのメッセージ

心の軌道修正（『白鳩』二〇一五年八月号）
トンネルを抜ける（『白鳩』二〇一七年一月号）
宗教は何のため（『白鳩』二〇一五年十月号）
人はみな美しい（『白鳩』二〇一八年三月号）
困難にたわむれる（『白鳩』二〇一三年十月号）
神からのメッセージ（『白鳩』二〇一八年二月号）

第5章　自然はいつも新鮮

自然と共に（『白鳩』二〇一五年十一月号）
すべてに生かされるもの（『白鳩』二〇一六年十一月号）
想像力を働かせる（『白鳩』二〇一七年五月号）
自然はいつも新鮮（『白鳩』二〇一八年八月号）
いのちのリズム（『白鳩』二〇一八年十月号）
「ムスビ」という愛（『白鳩』二〇一八年十一月号）

第6章　【講演録】〝新しい文明〟の基礎を築くために

〝新しい文明〟の基礎を築くために（『生長の家』二〇一八年六月号）

参考文献

茂木健一郎・羽生善治著『「ほら、あれだよ、あれ」がなくなる本——物忘れしない脳の作り方』(徳間書店、二〇一五年)
佐野洋子著『シズコさん』(新潮社、二〇〇八年)
谷口雅春著『新版 詳説 神想観』(日本教文社、二〇〇四年)
谷口雅宣著『大自然讃歌』(生長の家、二〇一二年)
谷口雅宣著『宗教はなぜ都会を離れるか?——世界平和実現のために』(生長の家、二〇一四年)
谷口雅春著『新版 光明法語〈道の巻〉』(日本教文社、二〇〇八年)
谷口雅宣著『今こそ自然から学ぼう——人間至上主義を超えて』(生長の家、二〇〇二年)
谷口純子著『この星で生きる』(生長の家、二〇一七年)
谷口雅宣著『凡庸の唄』(日本教文社、二〇一八年)

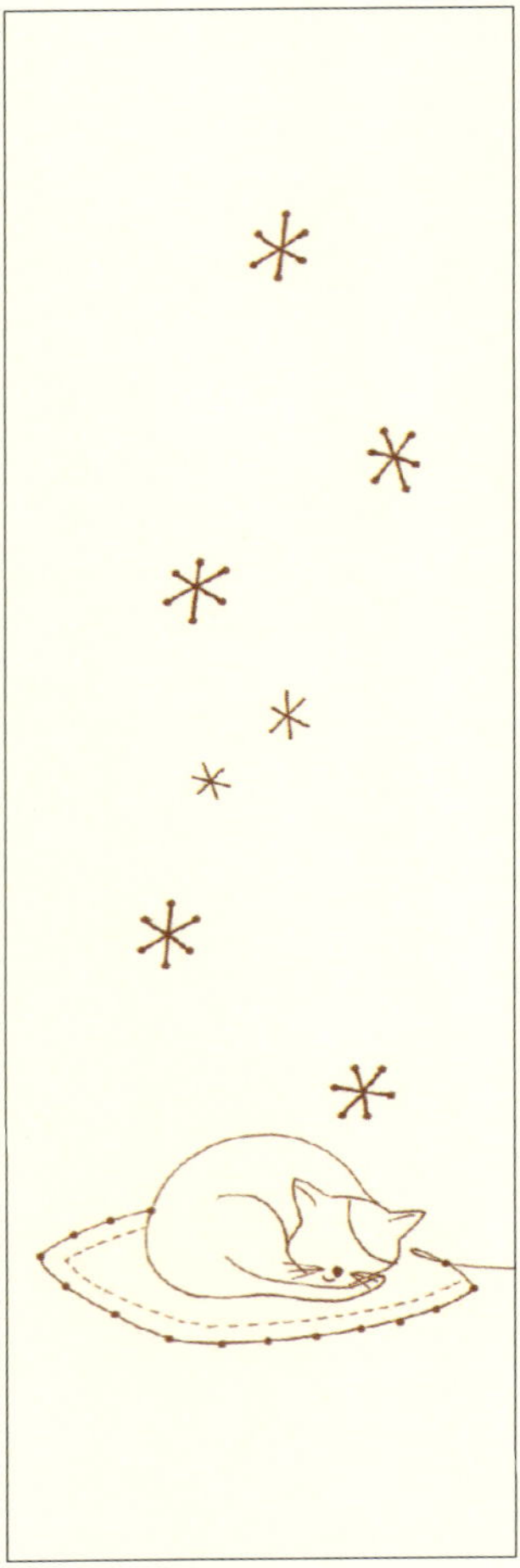

同封《どうふう》されたしおりは、紙刺繍《かみししゅう》をお楽《たの》しみいただけるよう、
やや厚《あつ》みをもたせた用紙《ようし》を使用《しよう》しております。
イラスト上《じょう》の点線《てんせん》に合《あ》わせて、
針《はり》や目《め》打《う》ちで穴《あな》を開《あ》け、お好《この》みの刺繍糸《ししゅういと》を通《とお》すだけ。
あなただけのオリジナルのしおりができあがります。
ぜひ、お楽《たの》しみください。

針や糸を通すときに、強い力をかけると破れやシワになる恐れがありますので、ご注意ください。

46億年《おくねん》のいのち

2019年４月15日　初版第１刷発行

著　者　谷口純子《たにぐちじゅんこ》
発行者　磯部和男
発行所　宗教法人「生長の家」
山梨県北杜市大泉町西井出8240番地2103
電　話（0551）45-7777　http://www.jp.seicho-no-ie.org/
発売元　株式会社　日本教文社
東京都港区赤坂９丁目６番44号
電　話（03）3401-9111
ＦＡＸ（03）3401-9139
頒布所　一般財団法人　世界聖典普及協会
東京都港区赤坂９丁目６番33号
電　話（03）3403-1501
ＦＡＸ（03）3403-8439
印刷・製本　東港出版印刷株式会社

本書は、環境に配慮し、適切な管理が行われている循環型の植林木を原材料とした用紙を使用しています。

落丁・乱丁本はお取替えします。
定価はカバーに表示してあります。
©Junko Taniguchi, 2019 Printed in Japan
ISBN978-4-531-05272-1

この星で生きる

●谷口純子著

未来を築く青年や壮年世代に向けて、人生の明るい面を見る日時計主義の生き方や、地球環境を守り、“自然と共に伸びる”生き方をやさしく説いています。

生長の家刊　本体833円

平和のレシピ

●谷口純子著

私たちが何を望み、どのように暮らすのかは、世界の平和に直接影響を与えることを示し、全てのいのちと次世代の幸福のために、平和のための具体的なライフスタイルを提案します。総ルビ付き。

生長の家刊　本体1389円

おいしいノーミート　四季の恵み弁当

●谷口純子著

健康によく、食卓から環境保護と世界平和に貢献できる、肉を一切使わない「ノーミート弁当」40選。自然の恵みを生かした愛情レシピの数々と、日々をワクワク生きる著者の暮らしを紹介します。

生長の家刊　本体952円

しぜんとあそぼう　なかよしかるた

●谷口純子監修　佐々木香菜子(絵)

自然と親しみ、環境のことも楽しく学べるかるた。遊びながら、自然エネルギーやリサイクルなど、環境についての知識が身につきます。愛らしい絵柄が、お子様の創造力を育みます。

生長の家刊　本体1574円

凡庸の唄

●谷口雅宣著

他より先へ行くことよりも大切なこと、他と競うよりも別の楽しみはいくらでもある——。心を開き、周囲の豊かな世界を味わい楽しむ「凡庸」の視点をもった生き方を称えた感動の長編詩。

日本教文社刊　本体463円

宗教はなぜ都会を離れるか？
——世界平和実現のために

●谷口雅宣著

人類社会が「都市化」へと偏向しつつある現代において、宗教は都会を離れ、自然に還り、世界平和に貢献する本来の働きを遂行する時期に来ていることを説きます。

生長の家刊　本体1389円

株式会社　日本教文社　〒107-8674　東京都港区赤坂 9-6-44　TEL（03）3401-9111（代表）
一般財団法人　世界聖典普及協会　〒107-8691　東京都港区赤坂 9-6-33　TEL（03）3403-1501（代表）
各本体価格（税抜き）は平成 31 年 4 月 1 日現在のものです。